高职教育与外商投资企业人才供求关系研究

以无锡高新区为例

瞿立新 钟伟跃 等著

GAOZHIJIAOYU YU WAISHANG TOUZIQIYE
RENCAI GONGQIU GUANXI YANJIU
YI WUXI GAOXINQU WEILI

中国纺织出版社有限公司

内 容 提 要

本书是无锡科技职业学院在加快推进人才培养模式改革，努力提高人才培养质量，打造职业教育培养特色过程中，主动对接无锡高新区外资企业，会同无锡村田电子有限公司，深入调研无锡高新区高职教育与外资企业人才供求关系，系统提出的高职学生价值观、职业态度、职业素养和职业能力的培养策略，对于职业院校在新时代深化产教融合、校企合作具有借鉴意义和参考价值。

本书可供高职院校从事教学管理、课程改革、专业建设的教师、管理人员及职业教育研究人员借鉴参考。

图书在版编目（CIP）数据

高职教育与外商投资企业人才供求关系研究：以无锡高新区为例 / 瞿立新等著. -- 北京：中国纺织出版社有限公司，2022.3

ISBN 978-7-5180-9282-6

Ⅰ. ①高… Ⅱ. ①瞿… Ⅲ. ①高等职业教育－关系－外资企业－人才培养－研究－无锡 Ⅳ. ①G719.2 ②F279.244.3

中国版本图书馆 CIP 数据核字（2022）第 002763 号

责任编辑：孔会云　　责任校对：王蕙莹　　责任印制：何 建

中国纺织出版社有限公司出版发行
地址：北京市朝阳区百子湾东里 A407 号楼　邮政编码：100124
销售电话：010—67004322　传真：010—87155801
http：//www.c-textilep.com
中国纺织出版社天猫旗舰店
官方微博 http：//weibo.com/2119887771
唐山玺诚印务有限公司印刷　各地新华书店经销
2022 年 3 月第 1 版第 1 次印刷
开本：787×1092　1/16　印张：13.25
字数：218 千字　定价：88.00 元

凡购本书，如有缺页、倒页、脱页，由本社图书营销中心调换

编委会

主　任　瞿立新　钟伟跃

副主任　张国新　张　勇

编　委　鲍都娇　王　璐　赵振荣　武彩霞
　　　　陶丽萍　王薇菁　沈璟虹　陈　俊
　　　　下枝圭介　万志强　周　萍　陈亚清
　　　　任晓国　周效中　陆小慧　黄　凯
　　　　周玉鸣　王　磊　张燕维

前言

党的十八大以来，习近平总书记围绕"培养社会主义建设者和接班人"作出一系列重要论述，深刻回答了"培养什么人、怎样培养人、为谁培养人"这一根本性问题。2021年，习近平总书记对职业教育工作作出重要指示，强调在全面建设社会主义现代化国家新征程中，职业教育前途广阔、大有可为。要坚持党的领导，坚持正确的办学方向，坚持立德树人，优化职业教育类型定位，深化产教融合、校企合作，深入推进育人方式、办学模式、管理体制、保障机制改革，稳步发展职业本科教育，建设一批高水平职业院校和专业，推动职普融通，增强职业教育适应性，加快构建现代职业教育体系，培养更多高素质技术技能人才、能工巧匠、大国工匠。这为推动我国职业教育高质量发展指明了方向，为新时代我国职业教育的改革发展提供了根本遵循。

弘毅守正，盈科匠心。无锡科技职业学院坚持习近平新时代中国特色社会主义思想铸魂育人，会同无锡村田电子有限公司，开展无锡高新区高职教育与外商投资企业人才供求关系的实证研究，深入分析无锡高新区高职教育特点，全面调研无锡高新区高职教育与外资企业人才供求关系，提出校企合作培养高职学生的系统策略与方案，积极探索高职教育新模式，加快推进人才培养模式改革，建设与区域产业结构相匹配的人才培养体系，努力提高人才培养质量，打造职业教育类型特色，对促进职业院校在新时代深化产教融合、校企合作具有一定的借鉴意义和参考价值。

本书编委会主任为无锡科技职业学院瞿立新、无锡村田电子有限公司钟伟跃。编委会成员包括无锡科技职业学院张国新、鲍都娇、王璐、赵振荣、武彩霞、陶丽萍、王薇菁、沈璟虹，无锡村田电子有限公司陈俊、张勇、下枝圭介、万志强、周萍、陈亚清、任晓国、周效中、陆小慧、黄凯、周玉鸣、王磊、张燕维。

本书第1章由瞿立新、张国新、武彩霞编写，第2章由钟伟跃、武彩霞、瞿立新（2.1、2.2、2.7）、鲍都娇、钟伟跃（2.3）、王薇菁、王璐、黄凯（2.4、2.5、2.6）编写，第3章由张国新、陶丽萍、钟伟跃编写，第4章、附录1、附录2由赵振荣、武彩霞、张勇编写，第5章由瞿立新、钟伟跃、沈璟虹、鲍都娇、周玉鸣、王磊、张燕维编写，附录3、附录4由课题组编写。

全书由瞿立新、钟伟跃总纂。

本书是无锡科技职业学院、无锡村田电子有限公司校企合作课题"无锡高新区高职教育与外商投资企业人才供求关系的实证研究"、2019年江苏省高等教育教改研究立项重点课题"构建高新区职业教育体系的探索与实践"（课题编号2019JSJG120)、江苏省成人教育协会2020年度社会教育重点课题"学习型企业教育保障体系研究"（课题编号SCX20007）研究成果。

本书在编著过程中，参考了大量文献资料，引用了一些专家学者的研究成果，谨致谢忱。

本书在实际使用过程中，恳请各位专家、同行和读者批评指正，以期日臻完善。

瞿立新
2022年1月

目录

第1章 绪论 ... 1
1.1 研究背景 ... 1
1.1.1 无锡高新区概况 ... 1
1.1.2 无锡高新区高职教育 ... 2
1.2 课题研究意义与内容 ... 3
1.2.1 课题研究意义 ... 3
1.2.2 高职教育与外资企业人才供求关系的现状 ... 3
1.2.3 研究内容 ... 4
1.3 研究方法 ... 5
1.4 本章小结 ... 5

第2章 价值观培育 ... 6
2.1 培育社会主义核心价值观 ... 6
2.1.1 社会主义核心价值观的提出 ... 6
2.1.2 社会主义核心价值观的内涵 ... 6
2.1.3 社会主义核心价值观的实践要求 ... 8
2.1.4 社会主义核心价值观培育的策略 ... 9
2.2 无锡村田电子有限公司经营理念的实践 ... 11
2.2.1 村田公司的经营理念概述 ... 11
2.2.2 村田理念与中国优秀的传统文化 ... 13
2.2.3 无锡村田电子有限公司在新时代的新启航 ... 16
2.2.4 村田公司经营理念的生产经营实践 ... 16
2.3 职业价值观培育 ... 18
2.3.1 职业价值观与职业态度 ... 18
2.3.2 职业认知问卷调查 ... 18

2.3.3 职业价值观分析 ·· 19
　　2.3.4 职业价值观培育的策略 ·· 20
　　2.3.5 职业价值观培育的典型活动 ·································· 22
2.4 职业生涯发展路径分析 ·· 24
　　2.4.1 自我认知 ·· 25
　　2.4.2 职业认知 ·· 33
　　2.4.3 职业生涯设计 ·· 34
2.5 促进职业生涯发展 ··· 35
　　2.5.1 职业生涯发展需求 ··· 35
　　2.5.2 职业生涯发展阻碍因素 ······································ 36
　　2.5.3 职业生涯发展的策略 ··· 37
2.6 职业生涯发展典型案例 ·· 38
2.7 本章小结 ·· 41

第3章 职业素养培育 ··· 42
3.1 现代企业对员工行为层面职业素养的基本要求 ················· 42
　　3.1.1 团队合作 ·· 42
　　3.1.2 5S与标准化 ·· 43
　　3.1.3 感知力与"报连相" ··· 43
　　3.1.4 原理原则与原点管理 ··· 44
　　3.1.5 PDCA循环 ·· 44
　　3.1.6 现场改善的基本方法 ··· 44
3.2 职业素养全过程培育路径 ·· 45
　　3.2.1 设置职业素养（工作推进方法）教育课程 ··········· 45
　　3.2.2 针对设备管理的特点，开设《企业安全管理》课程 ····· 45
　　3.2.3 在村田班设立"安全管理委员会" ························ 45
3.3 村田班职业素养培育 ··· 48
　　3.3.1 团队建设 ·· 48

3.3.2　工作的基本 ············ 51
　　　3.3.3　职业安全 ············ 61
　3.4　本章小结 ············ 67

第4章　职业技能培养：以机电一体化技术专业为例 ············ 68
　4.1　机电一体化技术专业岗位需求分析 ············ 68
　　　4.1.1　产业的区域环境 ············ 68
　　　4.1.2　岗位需求调研 ············ 69
　4.2　机电一体化技术专业课程体系的构建 ············ 72
　　　4.2.1　岗位定位是专业课程体系开发的起点 ············ 72
　　　4.2.2　链式专业课程体系的构建 ············ 72
　　　4.2.3　课程体系的运行保障 ············ 73
　4.3　机电一体化技术专业人才培养模式的形成 ············ 75
　4.4　本章小结 ············ 76

第5章　无锡高新区高职教育创新 ············ 77
　5.1　无锡高新区高职教育创新的理论基础 ············ 77
　　　5.1.1　培养大国工匠、能工巧匠的重要方式 ············ 77
　　　5.1.2　高等职业教育的基本办学模式 ············ 77
　　　5.1.3　职业教育人才评价体系改革的重要举措 ············ 80
　5.2　无锡高新区高职教育创新实践 ············ 81
　　　5.2.1　职业教育园区办学探索 ············ 81
　　　5.2.2　专业群建设 ············ 86
　　　5.2.3　"1+X"证书制度试点 ············ 91
　　　5.2.4　在线开放课程"云思政"的探索与实践 ············ 99
　　　5.2.5　岗位实习 ············ 104
　5.3　外资企业人才培养典型案例 ············ 107
　　　5.3.1　无锡村田电子有限公司人才培养案例 ············ 107
　　　5.3.2　阿尔卑斯（中国）有限公司无锡研发中心人才培养案例 ··· 110

5.3.3 联合汽车电子有限公司无锡厂人才培养案例 …………… 112

5.3.4 SK 海力士（中国）人才培养案例 ………………………… 116

5.3.5 奇瑞捷豹路虎汽车有限公司集中性岗位实习

安全教育案例 ……………………………………………… 119

5.4 本章小结 …………………………………………………………… 121

参考文献 …………………………………………………………………… 123

附录1 无锡科技职业学院机电一体化技术专业人才培养方案 ……… 125

机电一体化技术专业 ……………………………………………… 125

附录2 机电一体化技术专业核心课程标准 …………………………… 150

《PLC应用技术》课程标准 ……………………………………… 150

《机器人视觉检测技术》课程标准 ……………………………… 155

《单片机应用技术》课程标准 …………………………………… 161

《运动控制技术》课程标准 ……………………………………… 166

《工控网络与组态技术》课程标准 ……………………………… 171

《智能设备故障诊断与维修》课程标准 ………………………… 177

《自动化生产线技术应用》课程标准 …………………………… 182

附录3 …………………………………………………………………… 190

致无锡科技职业学院毕业生的一封信 …………………………… 190

附录4 …………………………………………………………………… 191

无锡科技职业学院在无锡村田电子有限公司就业学生

职业发展调查问卷 ………………………………………………… 191

第1章 绪论

1.1 研究背景

1.1.1 无锡高新区概况

无锡高新区，1992年经国务院批准设立，是全国首批国家级高新技术产业开发区。2015年经国务院、省政府批复，以无锡高新区、新区为基础成立新吴区。无锡高新区（新吴区）位于中国最具经济活力之一的长三角的几何中心、吴文化发源地、素有"太湖明珠"之称的历史文化名城——无锡的东南部，东接苏州，南滨太湖，行政区域面积220平方公里。无锡高新区创造性地与无锡新吴区实施行政区与经济功能区"区政合一"的一体化管理体制，丰富区域功能形态，提升产城融合水平，优化区域空间布局，激发经济发展活力。据无锡市新吴区第七次全国人口普查公报（2021年5月22日），全区常住人口为720215人，与2010年第六次全国人口普查数据相比，十年共增加182520人，增长33.94%，年平均增长率为2.97%；每10万人中拥有大学文化程度的由15860人增加到24383人；15岁及以上常住人口的平均受教育年限由10.38年上升到11.15年。

无锡是我国制造业重镇，当前，无锡正围绕勇做全省"争当表率、争做示范、走在前列"排头兵的定位，纵深推进创新驱动核心战略和产业强市主导战略，聚力攻克"卡脖子"技术，加快构建自主可控的现代产业体系，打造具有国际竞争力的产业创新名城。无锡高新区（新吴区）是无锡产业集聚度最高、大型企业最密集的区域，建有224家市级以上企业工程技术研究中心，规上工业企业有研发活动企业数占比84.5%，全社会研发投入占GDP达4.2%。据2020年无锡高新区（新吴区）国民经济和社会发展统计公报，全区国家高新技术企业900家。全年高新技术产业实现产值3189.02亿元，占规模以上工业总产值比重达69.5%；全年市级以上科研项目立项数113个，全年专利授权数11567件。产业兴则无锡高新区兴，产业强则无锡高新区强。无锡高新区（新吴区）具有雄厚的产业基础和浓厚的科创氛围，现已成为无锡市重要的经济增长极、对外开放窗口、科技创新基地和转型发展引擎，承担着国家传感网创新示范区、苏南国家自主创新示范区两个国家战略。科技部2020年国家高新区评价结果表明，无锡高新区在全国169

个国家高新区中综合排名进入前30强。

无锡高新区（新吴区）现有外资企业1600家。外资企业是无锡高新区（新吴区）重要的企业群体，为无锡高新区（新吴区）的发展做出了积极贡献。其中，无锡村田电子有限公司是日本株式会社村田制作所于1994年12月在无锡设立的以生产电子零部件为主的外商独资企业，是世界一流的电子元器件制造供应商。作为高新技术企业，无锡村田电子有限公司强调以人为本，注重人才培养，致力于企业与员工的一体化发展。

1.1.2 无锡高新区高职教育

技术技能人才是区域创新驱动发展的骨干力量，是实施制造强国战略的有生力量。随着现代化建设新征程全面开启、高质量发展深入推进，迫切需要锻造高素质的技术技能人才队伍。区域产业创新发展的驱动力中，高职教育是不可或缺的动力源。无锡科技职业学院位于无锡高新区（新吴区）的核心地带，作为江苏省第一个"高新区办学、办在高新区"的公办高职院校，学校在诞生之初就扎根无锡高新区这片充满活力和机遇的沃土，肩负着探索"高新区办学"这一高职教育新路径的重任。学校坚持为党育人、为国育才，全面贯彻党的教育方针，落实立德树人根本任务，秉承"立足高新区、融入高新区、服务高新区"的办学宗旨，深化"三全育人"改革，聚焦高水平、服务学生成长成人，聚焦高质量、服务区域经济社会发展，不断深化"创新驱动、区校一体、产教融合"的人才培养模式，全力推进学校与无锡高新区协同发展，坚定不移地走区校一体协同发展之路，积极探索职业教育与地方经济一体化高质量发展新模式，打造产教深度融合先导区和长三角开发区职业教育高质量发展样板，打造全国高新区高职教育"新吴模式"，不断提升服务高新区的能力和水平。

无锡高新区始终是无锡科技职业学院探索前行的坚强后盾。2021年4月，全国职业教育大会强调，要优化职业教育类型定位，深化产教融合、校企合作，深入推进育人方式、办学模式、管理体制、保障机制改革，加快构建现代职业教育体系。所当乘者势也，不可失者时也。大会闭幕一个月，无锡高新区党工委、管委会就召开无锡科技职业学院理事会，认真研究高新区职业教育发展问题，既体现了对职业教育的高度重视，也充分体现了"定下来，马上办"的务实工作作风。

在长三角一体化战略加速推进的新时代背景下，无锡高新区正在深度融入长三角产业链，始终与高新区同频共振的无锡科技职业学院，也将服务经济社会高质量发展的眼光放到了更宽广的区域。学校继承和发扬"坚持真理、坚守理想，践行初心、担当使命，不怕牺牲、英勇斗争，对党忠诚、不负人民"的伟大建党精神，勇当开发区职业教育改革创新的探路先锋，2020年底，学校当选为长三角开发区职业教育发展联盟理事长单位，这为学校拓展办学模式创新之路提供了一个新的契机，促进长三角职业教育与区域经济一体化，实现职业教育与区域经济高质量发展，成为摆在学校面前的新课题，长三角一体化为学校提供了更多探索空间，也提供了更广阔的舞台。

1.2 课题研究意义与内容

1.2.1 课题研究意义

进入"十四五"时期，无锡高新区（新吴区）立足新发展阶段，贯彻新发展理念，构建新发展格局，紧紧围绕国家高新区新时期肩负的新使命、新要求，把科技自立自强作为战略支撑，全面对标国家产业发展导向，构建具有国际影响力、国内领先及高成长性的"6+2+X"现代产业体系，发力打造物联网及数字产业、集成电路、生物医药、智能装备、汽车零部件、新能源六大地标性先进产业，加速发展高端软件和数字创意、高端商贸和临空服务两大现代服务业，以及前瞻布局人工智能、氢燃料电池、第三代半导体等前沿技术领域未来产业。提升创新能力、升级创业载体、集聚创新型企业、培育前沿产业、激活创新要素，对技术技能人才提出了新需求。

"高新区的边界在哪里，学校的服务就在哪里"。无锡科技职业学院秉承服务高新区发展的办学初心和使命，扎根高新区办学，会同无锡村田电子有限公司开展无锡高新区高职教育与外资企业人才供求关系的实证研究，对于优化人才培养的供给端和需求端，创造更好的用人环境、发展环境，突出职业教育类型定位，形成人力资本提升和产业转型升级良性循环，促进技术技能人才的社会性流动，支持年轻人找到适合自己的舞台，施展才干、逐梦前行，更好地促进技术技能人才需求与供给之间的匹配，具有重要的现实意义。

1.2.2 高职教育与外资企业人才供求关系的现状

企业参与职业教育人才培养一直是职业教育的重要特征和重要制度。企业参与职业教育人才培养的内容主要包括：校企合作开展"混合制"办学模式的教育改革、校企共建现代学徒制班（订单班或冠名班）、企业管理专家和技术专家受聘担任学校专业建设指导委员会成员、校企共同制订人才培养方案、企业参与专业课程建设、企业参与教学资源库建设与教材编写、企业为学校提供兼职教师、企业接受学校教师实践锻炼、校企共建师资培训基地、企业专家为学校开设讲座、校企共建产业学院、校企共建实训基地或"校中厂"、企业向学校师生赠送教学设备或图书、校企联合申报科研项目、企业接受学生岗位实习并予以指导、企业吸纳毕业生就业、企业为学生提供奖学金、企业专家参与指导毕业设计（论文）、校企开展企业文化与校园文化融合活动、企业培训实习生并颁发行业企业职业技能证书、校企共建企业员工培训体系、校企联合跟踪调查毕业生就业状况等。

然而，在实际工作中，校企合作"一头冷、一头热"的局面没有明显改善，企业参与职业教育人才培养的深度和质量依然需要提升。

1.2.3 研究内容

目前，职业院校培养的毕业生数量、质量与外资企业需求之间的结构性供需矛盾日益突出，既有经济转型升级过程中增长速度回落导致的中低端"就业难"，也有高质量发展中研发设计加强、创新力度加大而凸现的中高端"人才荒"。一些职业院校与市场脱钩，专业设置、课程设计、教学内容更新缓慢，毕业生吃苦耐劳精神不足、专业知识与技能不扎实、外语交流能力薄弱，不能适应数字经济背景下岗位升级、职业场景变化的新形势，加大了毕业生在外资企业对口就业难度。一些职业院校也不适应一些季节性特点突出的行业的人才需求，行业人才供求在时间频度上也很难做到同频共振。重复单一的工厂流水线作业环境、枯燥的日常工作、缺乏吸引力的薪资水平已经无法满足年轻人对生活水平的高追求，在制造业密集的无锡高新区，一些用工需求旺盛的企业招聘不到适合一线工作岗位的技术工人，已经严重影响企业的生产经营。

职业院校如何在人力资源供给、科技服务、社区服务、文化服务等方面系统服务开发区、高新区发展需求？如何将现代职业教育体系建设与现代产业体系建设统筹融合起来，如何形成产业技术革新与高职教育相辅相成的良性循环？如何为区域内的企业更精准地输送大量合格的产业人才？如何让人才培养跟上企业前行的步伐进而具有一定的前瞻性？本课题坚持问题导向，课题组成员深入调研、系统分析无锡高新区高职教育与外资企业人才供求关系，并以机电一体化技术专业为例，进行外资企业岗位需求分析、专业课程体系构建、专业人才培养方案制订、专业核心课程描述，提出高职学生价值观、职业态度、职业素养、职业技能的系统培养策略。

1.3 研究方法

资料搜集法：通过51job等招聘网站，收集、了解无锡高新区外资企业对技术技能人才的需求。

问卷调查法：针对在无锡高新区外资企业工作的无锡科技职业学院在校生和已毕业学生进行问卷调查，了解学生在培养过程中的需求。

访谈法：访谈无锡高新区外资企业的高层管理人员、人事管理人员、工程师等，了解外资企业对技术技能人才的素养和技能需求，了解学生培养过程中外资企业遇到的困惑；访谈学校管理人员和专任教师，了解学生培养过程中存在的问题。

综合分析法：结合访谈、问卷调查以及人才培养实践等研究活动的结果，综合分析无锡高新区高职教育与外资企业人才供求关系。

1.4 本章小结

外资企业对技术技能人才有所求，职业院校必有应。地处开发区、高新区的职业院校要提振奋进新征程建功新时代的精神，保持锐意创新的勇气、敢为人先的锐气和蓬勃向上的朝气，勇当真抓实干的奋进者、坚韧不拔的创新者、攻坚克难的搏击者，围绕国家重大战略，紧密对接开发区、高新区产业升级和技术变革趋势，优化职业教育供给结构，使职业教育供给与开发区、高新区外资企业发展需求高度匹配，引导学生树立坚持中国共产党领导的坚定信念，培养为人民服务的高尚情操，练就为中华民族伟大复兴而奋斗的扎实本领，倾情倾力书写好学校高质量发展的奋进篇章，走好新时代的长征路，做好新时代的答卷人，努力办好人民满意的职业院校。

第2章 价值观培育

2.1 培育社会主义核心价值观

2.1.1 社会主义核心价值观的提出

党的十八大提出，倡导富强、民主、文明、和谐，倡导自由、平等、公正、法治，倡导爱国、敬业、诚信、友善，积极培育和践行社会主义核心价值观。社会主义核心价值观是社会主义核心价值体系的内核，体现着社会主义核心价值体系的根本性质和基本特征，反映着社会主义核心价值体系的丰富内涵和实践要求，是社会主义核心价值体系的高度凝练和集中表达。党的十九大报告深刻阐述了社会主义核心价值观的丰富内涵和实践要求。

社会主义核心价值观与中华文明中"小信诚则大信立"的待人之理、"亲仁善邻，协和万邦"的处世之道、"民惟邦本，本固邦宁"的治国理念、"徒善不足以为政，徒法不能以自行"的治理之策、"和羹之美，在于合异"的交流互鉴之道、"道法自然，天人合一"的生存理念、"革故鼎新，与时俱进"的精神气质、"天下为公"的大同社会理想一脉相承，充分体现了对中华优秀传统文化的传承和升华，是当代中国精神的集中体现，凝结着全体人民共同的价值追求。

2.1.2 社会主义核心价值观的内涵

价值观是人们评价客观事物善恶是非、真假美丑、效用大小的根本标准。"核心价值观，承载着一个民族、一个国家的精神追求，体现着一个社会评判是非曲直的价值标准"。社会主义核心价值观的基本内容中，富强、民主、文明、和谐是国家层面的价值目标，自由、平等、公正、法治是社会层面的价值取向，爱国、敬业、诚信、友善是公民个人层面的价值准则。

"富强、民主、文明、和谐"，是我国社会主义现代化国家的建设目标，在社会主义核心价值观中居于最高层次，对其他层次的价值理念具有统领作用。关于富强的内涵，习近平总书记明确指出，"人民对美好生活的向往，就是我们的奋斗目标"；党的十九大报告进一步明确，中国特色社会主义进入新时代，我国社会主要矛盾已经转化为人民日益增长的美好生活需要和不平衡不充分发展之间的矛盾；为解决社会主要矛盾，必须深化改革、创新发展，要认识到"增进民生福祉是发展的根本目的""保证全体人民在共建共享发展中有更多获得感，不断促进人的全面发展、全体人民共同富裕"。关于民主的内涵，党的十九大报告指出，"我国社会主义民主是维护人民根本利益的最广泛、最真实、最管用的民主。发展社会主义民主政治就是要体现人民意志、保障人民权益、激发人民创造活力，用制度体系保证人民当家作主"，强调要"发展社会主义协商民主，健全民主制度，丰富民主形式，拓宽民主渠道，保证人民当家作主落实到国家政治生活和社会生活之中"。文明是社会进步的重要标志，也是社会主义现代化国家的重要特征。关于文明的内涵，即物质文明、政治文明、精神文明、社会文明、生态文明协调发展。"建设生态文明是中华民族永续发展的千年大计，必须树立和践行绿水青山就是金山银山的理念"。和谐是中国传统文化的基本理念，关于和谐的内涵，即一直强调的人与人、人与自然、人与社会的和谐，要"建设平安中国，加强和创新社会治理，维护社会和谐稳定，确保国家长治久安、人民安居乐业"。党的十九大报告对和谐的内涵有了新发展，即提出坚持推动构建人类命运共同体的理念，指出中国要"始终做世界和平的建设者、全球发展的贡献者、国际秩序的维护者"。

"自由、平等、公正、法治"，是对美好社会的生动表述，反映了中国特色社会主义的基本属性。关于自由的内涵，是指人的意志自由、存在和发展的自由，是人类社会的美好向往，也是马克思主义追求的社会价值目标。关于平等的内涵，不仅是指经济、政治、法律的平等，还涉及教育、性别平等等方面。党的十九大报告提出，"凡是在我国境内注册的企业，都要一视同仁、平等对待""人民平等参与、平等发展权利得到充分保障""树立宪法法律至上、法律面前人人平等的法治理念""坚持男女平等基本国策，保障妇女儿童合法权益"等。关于公正的内涵，即社会公平和正义，它以人的解放、人的自由平等权利的获得为前提，是国家、社会应然的根本价值理念。法治是社会文明的基石，关于法治的内涵，全面依法治国是中国特色社会主义的本质要求和重要保障，必须把党的领导贯彻落实到依法治国的全过程和各方面；坚持厉行法治，推进科学立法、严格执法、公正司法、全民守法；深化国家监察体制改革，把党内监督同国家机关监督、民主监督、司法监督、群众监督、舆论监督贯通起来，增强监督合力；推进反腐败国家立法，建设覆盖纪检监察系统的检举举报平台；加强社会治理制度建设，形成共建共治共享的社会治理格局。

"爱国、敬业、诚信、友善"是公民基本道德规范，覆盖社会道德生活的各个领域，是公民必须恪守的基本道德准则，也是评价公民道德行为选择的基本价值标准。爱国是基于个人对自己祖国依赖关系的深厚情感，也是调节个人与祖国关系的行为准则。它同社会主义紧密结合在一起，要求人们以振兴中华为己任，促进民族团结、维护祖国统一、自觉报效祖国。敬业是对公民职业行为准则的价值评价，要求公民忠于职守、克己奉公、服务人民、服务社会，充分体现了社会主义职业精神。诚信即诚实守信，是人类社会千百年传承下来的道德传统，也是社会主义道德建设的重点内容，它强调诚实劳动、信守承诺、诚恳待人。友善强调公民之间应互相尊重、互相关心、互相帮助，和睦友好，努力形成社会主义的新型人际关系。

2.1.3 社会主义核心价值观的实践要求

培育和践行社会主义核心价值观是新时代中国特色社会主义文化建设的核心内容，是推进中国特色社会主义伟大事业、实现中华民族伟大复兴中国梦的战略任务，是当代中国发展进程中凝魂聚气、强基固本的基础工程，关系社会和谐稳定，关系国家长治久安。面对世界范围思想文化交流交融交锋形势下价值观较量的新态势，面对改革开放和发展社会主义市场经济条件下思想意识多元多样多变的新特点，积极培育和践行社会主义核心价值观，对于巩固马克思主义在意识形态领域的指导地位，巩固全党全国人民团结奋斗的共同思想基础，对于促进人的全面发展、引领社会全面进步，对于集聚实现中华民族伟大复兴中国梦的强大正能量，向第二个百年奋斗目标不断迈进，具有重要的现实意义和深远的历史意义。

党的十九大报告指出，"要发挥社会主义核心价值观对国民教育、精神文明创建、精神文化产品创作生产传播的引领作用，把社会主义核心价值观融入社会发展各方面，转化为人们的情感认同和行为习惯""要以培养担当民族复兴大任的时代新人为着眼点，强化教育引导、实践养成、制度保障"。

培育和践行社会主义核心价值观，要高举中国特色社会主义伟大旗帜，在习近平新时代中国特色社会主义思想指引下，紧紧围绕坚持和发展中国特色社会主义这一主题，紧紧围绕实现中华民族伟大复兴中国梦这一目标，注重宣传教育、示范引领、实践养成相统一，注重政策保障、制度规范、法律约束相衔接，使社会主义核心价值观融入学生学习生活和精神世界，激励全体学生为夺取中国特色社会主义新胜利而不懈奋斗。

培育和践行社会主义核心价值观要坚持以人为本，尊重学生主体地位，关注学生利益诉求和价值愿望，促进人的全面发展；坚持以理想信念为核心，抓住世界观、人生观、价值观这个总开关，用社会主义核心价值观引领社会思潮、确立价值标准，在全社会牢固树立中国特色社会主义共同理想，着力筑牢学生的精神支柱；坚持联系实际，找准与学生思想的共鸣点、与学生利益的交汇点，做到贴近性、接地气；坚持改进创新，善于运用学生喜闻乐见的方式，搭建学生便于参与的平台，开辟学生乐于参与的渠道，积极推进理念创新、手段创新和学生工作创新，增强工作的吸引力和感染力。

2.1.4 社会主义核心价值观培育的策略

（1）思政课程和课程思政同向同行

深入挖掘思政教学元素，深化课程思政教学改革，将思想政治教育融入人才培养全过程和教育教学的各个环节，丰富课程育人内涵，推动思政教育与专业教育的协同推进，构筑学校立体化的思政课程和课程思政教育教学体系，全方位培育践行社会主义核心价值观。

（2）广泛开展道德实践活动

以诚信建设为重点，继承和发扬中华传统美德，积极引导学生讲道德、尊道德、守道德，追求高尚的道德理想，加强社会公德、职业道德、家庭美德、个人品德教育，形成修身律己、崇德向善、礼让宽容的道德风尚，不断夯实中国特色社会主义的思想道德基础。大力宣传先进典型，评选表彰道德模范，形成学习先进、争当先进的浓厚风气。深化公民道德宣传日活动，组织道德论坛、道德讲堂、道德修身等活动。加强学生诚信建设，开展道德领域突出问题专项教育和治理，加大对失信行为的约束和惩戒力度，广泛形成守信光荣、失信可耻的氛围。把开展道德实践活动与培育廉洁价值理念相结合，营造崇尚廉洁、鄙弃贪腐的良好社会风尚。

（3）积极开展学雷锋志愿服务活动

大力弘扬雷锋精神，广泛开展形式多样的学雷锋实践活动，推动学雷锋活动常态化、制度化。弘扬"奉献、有爱、互助、进步"的志愿精神，建立健全志愿服务制度，完善激励机制和政策法规保障机制，把学雷锋和志愿服务结合起来，以相互关爱、服务社会为主题，围绕扶贫济困、应急救援、大型活动、环境保护等方面，围绕空巢老人、留守儿童、困难职工、残疾人等群体，组织开展各类形式的志愿服务活动，形成我为人人、人人为我的社会风气。

(4)丰富学生活动内涵

将社会主义核心价值观培育与迎新晚会、毕业晚会等结合起来;与辩论赛、模拟招聘赛、创业创新大赛、相声小品大赛结合起来;与创建文明校园、文明教室、文明宿舍等活动结合起来;让学生在笑声中、在比赛中、在实践中培育践行核心价值观。在这些鲜活的、学生参与度高的活动中,凸显学生自身的主体优势,激发学生主观能动性,将社会主义核心价值观内化于心、外化于行。

(5)深化岗位实习和社会实践项目

岗位实习和大学生暑期"三下乡"社会实践是立德树人不可或缺的重要环节,既是大学生接触社会、深入社会、了解社会、了解国情、体会社情、认识社会的最佳途径,也是思想政治教育的理想渠道。学生通过岗位实习和社会实践能够开阔视野,增长才干,在实践中检验自己,培养职业素养,增强职业生涯发展意识,提升综合职业能力,以实际行动践行"强国有我"的青春誓言。

(6)弘扬中华优秀传统文化

"中华优秀传统文化是我们最深厚的文化软实力,也是中国特色社会主义植根的文化沃土"。中华优秀传统文化积淀着中华民族最深沉的精神追求,包含着中华民族最根本的精神基因,代表着中华民族独特的精神标识,是中华民族生生不息、发展壮大的丰厚滋养。在学生在校学习期间,增加优秀传统文化课程内容,加强对优秀传统文化思想价值的挖掘,梳理和萃取中华文化中的思想精华,作出通俗易懂的当代表达,赋予新的时代内涵,使之与中国特色社会主义相适应,让优秀传统文化在新的时代条件下不断发扬光大;开展民族传统节日的思想熏陶和文化教育活动,丰富民族传统节日的文化内涵,创新民俗文化样式,形成与历史文化传统相承接、与时代发展相一致的新民俗,开展优秀传统文化教育普及活动,培育特色鲜明、气氛浓郁的节庆文化。开展礼节礼仪教育,在重要场所和重要活动中升挂国旗、奏唱国歌,在开学、毕业时举行庄重简朴的典礼,完善重大灾难哀悼纪念活动,使礼节礼仪成为培育社会主流价值的重要方式。

(7)发挥重要节庆日传播社会主流价值的独特优势

开展革命传统教育,加强对革命传统文化时代价值的阐发,发扬党领导人民在革命、建设、改革中形成的优良传统,弘扬民族精神和时代精神。挖掘各种重要节庆日、纪念日蕴藏的丰富教育资源,利用三八妇女节、五一国际劳动节、五四青年节、七一建党节、八一建军节、国庆节等重要节日以及重要人物纪念日等,举办庄严庄重、内涵丰富的群众性庆祝和纪念活动。利用党和国家成功举办大事、妥善应对难事的时机，因势利导地开展各类教育活动。加强爱国主义教育基地建设，形成实体展馆与网上展馆相结合、涵盖各个历史时期的爱国主义教育基地体系。推进公共博物馆、纪念馆、爱国主义教育基地和文化馆、图书馆、美术馆、科技馆等免费开放，积极发展红色旅游。

（8）运用新媒体引领文明风尚

通过向大学生发放调查问卷、举行座谈会、个别交谈、提交建议书等方式了解其关注的热点和打算，了解其现在最想做的事情、最不满的事情、最困惑的事情。对这些一手资料进行统计分析，掌握大学生的心理特点、思潮、个性。有的放矢进行社会主义核心价值观引导和培育。以微信、抖音、短视频、微博等新媒体为载体，系统化与碎片化相结合，用学生喜闻乐见的、更加鲜活、更加形象化的表述方式，进行社会主义核心价值观培育。围绕社会主义核心价值观，加强公益广告的选题规划和内容创意，形成公益广告传播先进文化、传扬新风正气的强大声势。

2.2 无锡村田电子有限公司经营理念的实践

日本村田制作所（baiMurata）创立于1944年10月，是全球领先的电子元器件制造商之一，是世界500强企业。村田集团在中国建立了顺应市场需求的生产和销售体制，拥有上海、无锡（2个）、深圳、佛山、东莞等多个研发、生产基地以及天津、上海、深圳、香港等销售公司。无锡村田电子有限公司（简称村田公司）热切希望通过汇集先进技术和人力资源，为客户提供新的价值，开创电子行业的未来。

2.2.1 村田公司的经营理念概述

村田公司的经营理念为：磨砺精湛技术，实践科学管理，供应独特产品，贡献文化发展，积聚信誉为本，谋求企业繁荣，彼此互助互惠，至诚感谢合作，同心同德经营（图2-1）。

村田公司的经营理念是村田公司成长至今的主要基石。通过理解和实践经营理念，村田公司全员凝聚成一个团队，朝着共同的目标努力奋进。

（1）贡献文化发展

村田公司设定了明确的任务，即通过提供产品和服务实现文化发展，也就是为安全、方便和富裕的生活做出贡献。如为了保障安全、安心、方便、富裕的生活，提供自己的产品和解决方案；以合理的利益进行雇用、纳税和投资，

图2-1 村田公司的经营理念(社是)

做出经济贡献;提高职场安全性、对地区进行支援,担当企业社会责任(CSR,corporate-social-responsibility),承担起对劳动者、消费者、环境、社区等利益相关方的责任。

(2)磨砺精湛技术

通过磨炼要素(材料、设计、工序、生产)技术、外部技术、使价值提高的服务能力、管理能力等,来提供独特的产品。

(3)实践科学管理

通过分析现状与预测将来—提出课题—设定目标—计划—实施—效果测定,构成PDCA循环,有效地完成目标。尽可能以定量的方式和有逻辑性、理性的思考来实现科学管理。

(4)供应独特产品

村田公司珍惜以独特的思维来创造产品的公司文化。村田公司追求的独特产品即其他公司无法模仿的独特产品。村田公司鼓励村田人勇于挑战,做一个能够提供满足客户价值的创新者。

（5）积聚信誉为本

信赖是过去积累起来的财产，只要失去一次，要挽回便会非常困难。村田公司通过持续提供新的产品、严格遵守法规、生产中考虑安全第一等，来提升客户对公司的信赖。

（6）谋求企业繁荣

村田公司始终追求为社会创造价值，实现企业的繁荣昌盛。

（7）彼此互助互惠

村田公司致力于客户、员工和供应商等所有合作者的成长，促进双赢，推动公司持续发展。

（8）至诚感谢合作

村田公司注重员工的成长和干劲，与客户信赖关系的构筑，以及对他人的尊敬和感谢的心情。

（9）同心同德经营

村田公司员工有共同的目标，共同的价值观，能够敬业乐业。

2.2.2　村田理念与中国优秀的传统文化

中国优秀的传统文化（traditional culture of China）是中华文明演化而汇集成的反映民族特质和风貌的民族文化，是民族历史上各种思想文化、观念形态的总体表征，是指历史悠久，萌芽和生长在中国，为中华民族世世代代所继承发展，具有鲜明民族特色的、内涵博大精深、传统优良、体现人类文明方向的核心价值文化。孔子是中国传统文化的集大成者，《六经》即《诗》《书》《礼》《乐》《易》《春秋》是中国传统文化的源头。孔子所倡导的中国传统文化以"天下为公"为基本出发点。《礼记·中庸》中有"知、仁、勇，三者天下之达德也。"儒家思想的"五常"，是一种社会、人伦关系的行为准则，指的是仁、义、礼、智、信。

（1）仁

孔子把"仁"作为最高的道德原则、道德标准和道德境界。《论语·颜渊》："樊迟问仁。子曰：'爱人'。"《论语·述而》："仁远乎哉？我欲仁，斯仁至矣。"

（2）义

孔子最早提出了"义"，本指公正、合理而应当做的。《论语·里仁》："君子之于天下也，无适也，无莫也，义之与比。"《论语·述而》："不义而富且贵，于我如浮云。"

（3）礼

既指周礼的礼节、仪式，也指人们的道德规范。子曰："不知礼，无以立也。"《论语·泰伯》中说："恭而无礼则劳，慎而无礼则葸，勇而无礼则乱，直而无礼则绞。"恭敬、谨慎、勇敢、正直这些品质，如果不以"礼"来规范，就会让人劳倦、懦弱、闯祸、尖刻。子曰："礼，与其奢也，宁俭；丧，与其易也，宁戚。"礼仪，与其奢侈，不如节俭；丧事，与其周全，不如真正的哀伤。行礼重在"真诚"二字，"礼"是一个人的仁爱之心和真挚感情的外在表现。子曰："礼之用，和为贵。"和谐是"礼"所要达到的终极目标。在孔子看来，"礼"就是制度建设，通过"礼治"，建立秩序，让社会和谐。

（4）智

即智慧、聪明，有才能，有智谋。"知"通"智"，并将其与"仁"作比较，如"知者乐水，仁者乐山。知者动，仁者静。知者乐，仁者寿"。《论语》中孔子两次言"知者不惑"，"智"本身包含着辨别的认知判断能力。《荀子》："知者自知，仁者自爱。"

（5）信

意为诚实，讲信用，不虚伪。《论语·学而》："吾日三省吾身，为人谋而不忠乎？与朋友交而不信乎？传不习乎？……信近于义，言可复也。""信"既是儒家实现"仁"这个道德原则的重要条件之一，又是其道德修养的内容之一。孔子提出"信"，是要求人们按照礼的规定互守信用。

（6）忠

《论语·子路》："居处恭，执事敬，与人忠，虽之夷狄，不可弃也。"孔子所说的"忠"，是指和别人的一种关系，尽力帮助别人叫作"忠"。孔子把"忠"当作实行最高道德原则"仁"的条件。

（7）孝

指敬奉父母、善事父母。《论语·为政》："孟武伯问孝，子曰：父母唯其疾之忧……今之孝者，是谓能养，至于犬马，皆能有养，不敬，何以别乎？"儒家认为孝是各种道德中最根本的。

（8）悌

指敬爱兄长，顺从兄长。常与"孝"并列，称为"孝悌"。《论语·学而》："其为人也孝悌，而好犯上者鲜矣。不好犯上，而好作乱者，未之有也。君子务本，本立而道生。"儒家非常重视"孝悌"，把它看作是实行"仁"的根本条件。

（9）恕

"恕"要求推己及人，自己不想做的事，不强加给别人。《论语·里仁》："子曰：'参乎！吾道一以贯之。'曾子曰：'唯！'子出，门人问曰：'何谓也？'曾子曰：'夫子之道，忠恕而已矣。'"朱熹集注："尽己之谓忠，推己之谓恕。而已矣者，竭尽而无余之辞也。"《论语·卫灵公》："子贡问曰：'有一言而可以终身行之者乎？'子曰：'其恕乎。己所不欲，勿施于人。'"在孔子的有关伦理学说中，"忠"与"恕"是并列的。因"恕"而得"忠"，为"忠"以行"恕"。"忠恕"是实行"仁"的方法，是"仁"的内容。同时又是孔子思想的一贯之道。

（10）勇

指果断、勇敢。《论语·宪问》："仁者必有勇。"孔子把"勇"作为施"仁"的条件之一。又《阳货》："君子有勇而无义为乱。"《论语·子罕》："知者不惑，仁者不忧，勇者不惧。"

（11）节

指精神气节。《论语·微子》："不降其志，不辱其身。"《孟子·尽心上》："穷则独善其身，达则兼善天下。"郑燮《题画·竹石》："千磨万击还坚劲，任尔东南西北风。"

村田公司的经营理念从中国优秀的传统文化中汲取了营养（表2-1）。

表2-1 村田公司的经营理念与中国优秀传统文化的对应

村田公司的经营理念	中国优秀传统文化
磨砺精湛技术	勇，智
实践科学管理	礼，智
供应独特产品	节
贡献文化发展	义，忠
积聚信誉为本	信
谋求企业繁荣	忠
彼此互助互惠	仁，恕
至诚感谢合作	让，孝，悌
同心同德经营	忠，信，礼

2.2.3 无锡村田电子有限公司在新时代的新启航

改革开放以来，中国以开放的姿态吸引了全球的目光。中国秉持开放、合作、团结、共赢的理念，坚定不移地全面扩大开放，让中国的市场成为世界的市场、共享的市场，为国际社会注入更多正能量。2020年7月，国务院办公厅印发《关于进一步优化营商环境更好服务市场主体的实施意见》，提出"加快打造市场化法治化国际化营商环境"。2020年7月，习近平总书记主持召开企业家座谈会并发表重要讲话，强调要千方百计把市场主体保护好，激发市场主体活力，弘扬企业家精神，推动企业发挥更大作用，实现更大发展。习近平总书记的重要讲话，向世界经济释放出积极的信号，为全球企业注入了发展的信心。村田公司的经营理念从毛泽东思想、邓小平理论、"三个代表"重要思想、科学发展观、习近平新时代中国特色社会主义思想汲取智慧和力量，共享新时代新机遇，共同绘就开放合作、共赢发展的新篇章，共创更加美好的未来。

2.2.4 村田公司经营理念的生产经营实践

村田公司将经营理念与生产经营实践活动有效地相结合，见表2-2。

表2-2 村田经营理念的生产经营实践活动的对应表

序号	经营理念	理解	企业活动		个人活动	
			生产经营	社会贡献	工作行为	非工作行为
1	磨砺精湛技术	1.发展要素技术(材料、设计、工序、生产) 2.引进外部技术 3.注重使价值提高的服务能力 4.改进提高管理能力(人/设备/材料/方法/环境管理、决策管理、损益成本管理等)	1.入职培训 2.OJT指导活动 3.外部培训导入 4.品质月活动 5.外语学习氛围培养 6.每日改善活动 7.管理者活动开展	校企合作	1.入职培训 2.OJT指导 3.各阶层级别教育 4.社内研修 5.在线学习 6.同事交流讨论 7.工作经验积累	1.兴趣班学习 2.参加社外活动
2	实践科学管理	1.以定量的方式，有逻辑性、理性的思考，分析现状，预测将来 2.注重现场/现物/现实抽出课题 3.设定可评测目标 4.迅速高效地实行计划 5.效果测定及反馈	1.业绩核实施 2.能力考核实施 3.年度预算作成 4.配员申请 5.生产计划安排	参与各类管理学术交流活动	1.PDCA工作法则 2.个人目标管理及工作每日复盘 3.每日工作轻重缓急安排	1.出行计划合理安排 2.合理作息时间

续表

序号	经营理念	理解	企业活动		个人活动	
			生产经营	社会贡献	工作行为	非工作行为
3	供应独特产品	1. 制造其他公司无法模仿的独特产品 2. 与现有技术组合，产生出新的价值 3. 对价值链的卓越的价值提供（在全部的功能方面、品质/成本/纳期/安全性、环境负荷等）	1. 新设备导入 2. 新产品量产设计		提供优质服务，打造个人品牌	接受新事物，掌握新技能
4	贡献文化发展	通过提供产品和服务实现文化发展，也就是为安全、方便和富裕的生活作出贡献	1. 提供高品质的产品，推动社会进步 2. 三期人员停止加班	1. 社会贡献活动（海边捡垃圾活动） 2. 装备太阳能发电系统	根据招聘周期，保证人员到位	参与社会各类文娱、体育和公益活动
5	积聚信誉为本	1. 必须持续提供新的产品 2. 必须遵守法令 3. 必须考虑到安全第一	1. 产品不良率降低 2. 对应CSR监察 3. 安全督导活动 4. 食堂满意度调查 5. 不拖欠工资、货款	1. 积极响应政府的各项活动 2. 与周边企业的交流互动活动	1. 遵守各项规则 2. 参加公司内各项活动	1. 诚实守信 2. 遵纪守法
6	谋求企业繁荣彼此互助互惠至诚感谢合作同心同德经营	1. 为社会创造价值，公司致力于客户、员工和供应商等所有的合作者的成长，促进双赢，推动公司持续发展 2. 自己的成长和干劲 3. 信赖关系的构筑 4. 尊敬的念头和感谢的心情 5. 员工有共同的目标	1. 员工满意度调查 2. 年度奖金发放 3. 工资发放 4. 加班费计算	1. 养老院看望孤寡老人 2. 希望小学捐助活动	1. 同事间相互协作 2. 对于后辈教育指导	推荐新员工

2.3 职业价值观培育

2.3.1 职业价值观与职业态度

由于个人的身心条件、年龄阅历、教育状况、家庭影响、兴趣爱好等不同，人们对各种职业有着不同的主观评价。每种职业都有各自的特性，由于社会分工的发展和生产力水平的不同，各种职业在劳动性质的内容、劳动难度和强度、劳动条件和待遇、所有制形式和稳定性等诸多方面都存在着差别，传统的思想观念也会影响各类职业在人们心目中的声望和地位，从而影响人们对就业方向和具体职业岗位的选择。哪个职业好，哪个岗位适合自己，从事某一项具体工作的目的是什么，这些问题都是职业价值观的具体表现。

职业价值观是指人生目标和人生态度在职业选择方面的具体表现，也就是一个人对职业的认识和态度及其对职业目标的追求和向往。职业价值观影响着对职业方向和职业目标的选择，决定着个人就业后的工作态度、劳动绩效水平和职业发展。

职业态度，一般指个人对其从事职业所持有的评价和行为倾向，包括职业认知、职业情感和职业行为三个方面，其中职业认知是基础，职业情感是核心，职业行为是结果。职业认知是指对自己将要或已经从事的职业的准入要求和资格、职业环境、发展空间、未来趋势等的认识和理解，是开展职业生涯规划的前提之一。职业情感是指对自己将要或已经从事的职业所具有的态度和主观体验，职业情感可以分为职业认同感、职业荣誉感和职业敬业感三个层次。职业行为是基于职业认知和职业情感的结果，指学习能力、自我提升能力和适应外界环境变化的能力。当外界环境发生变化时，不会因为对新的生产方式及组织形态不适应而感到无所适从，而是能够在变化的环境中很快地获得新的职业技能和知识，在新的外界环境中继续成长。

2.3.2 职业认知问卷调查

为了解高职院校毕业生的专业认知和职业认知，无锡科技职业学院联合无锡村田电子有限公司对在该公司就业的无锡科技职业学院毕业生进行了问卷调查。为了便于学生了解问卷的目的和意义，课题组写了"致科院毕业生的一封信"，见附录1。调查问卷具体内容见附录2。在本次调研收到的122份职业发展调查问卷中，对于"最吸引你选择村田公司的要素"的问题，39%的学生选择"薪资待遇"，占比最高，"学习机会"占34%，"发展前景"占15%，"兴趣爱好"占

5%。可见，有相当一部分学生在踏上工作岗位前没有正确的专业认知和充分的职业认知，不了解企业对员工能力素质的要求，学生选择进入村田公司也是出于功利性的薪酬待遇原因，而不是出于自己的爱好或了解。产生这些问题的原因，一是很多学生听从了父母建议或其他原因选择了目前专业，学生对所学专业并不了解、也不感兴趣，心态随意、无所谓；二是学生很少有机会接触社会和企业，对现代制造业更是缺乏了解的途径；三是学生职业心理不成熟，没有意识到自己已经处于关键选择阶段，尚未有做职业生涯规划的意识和行动。

在职业情感的三个层次中，职业认同感是基础，职业荣誉感是进阶，职业敬业感也可以称为工匠精神，是追求的目标。学校希望学生拥有正面积极的职业情感，热爱自己的职业，对工作能够专注和精益求精；希望学生少一些负面消极的职业情感，不要对从事的职业有得过且过、抵触甚至是厌恶的心理。无锡科技职业学院对60家用工企业进行高职院校毕业生职业情感（职业敬业感）方面的调查结果表明，"优良"为33.3%，占比较低，选择"一般"的占比为55%；如果把职业敬业感细分为"精益求精""一丝不苟""持之以恒"三个具体内容，"持之以恒"一项"优良"的占比最低，只有25%，说明目前高职院校毕业生工作中的耐心和恒心最不为企业所满意。课题组对无锡村田公司的122名无锡科技职业学院毕业生做的职业发展调查问卷中，对于"五年内你是否有跳槽意愿"的问题，答"否"的占比为67%；对答"否"的对象人员继续加问"不跳槽的原因"，答"公司（工作、薪酬、岗位）稳定"的占比为27%，答"待遇（工资、福利）好"的占比为15%，答"发展（前景）好"的占比为8%，答"喜欢工作（村田）"的占比为5%，说明许多毕业生对自己工作的职业情感表现为功利化和务实的态度，对工作本身的职业情感并不是很高。

快速发展的社会对高职毕业生职业态度中的职业行为能力提出了更高的要求。高职学生即使具备了对即将进入的行业领域的基本认知，培养出了一定的职业情感，努力学习并在一定程度上掌握了专业技能，还不能完全满足不断变化的行业企业的需求。学生要学一行、干一行、爱一行，碰到行业结构调整、转型升级等变化，也能凭着综合素质、自我学习能力和环境应变能力等跟上变化的趋势并满足企业的要求，而这恰恰是目前职业教育中较为缺失的部分。

2.3.3 职业价值观分析

毕业生在为自己做职业生涯规划之前，一定要明晰自己的价值观和职业价值观。价值观和职业价值观决定了哪些因素对自己是重要的，哪些是不重要的，哪些是自己优先考虑和选择的，哪些不是。

职业价值观是一个复杂的多维度的心理因素，对职业的选择和衡量有多种要素的参与，但各要素所起的作用是不同的。职业价值观的分析可以从以下三个方面的职业要素展开。

第一，发展因素。包括符合兴趣爱好、机会均等、公平竞争、工作有挑战性、能发挥自身才能、工作自主性大、能提供培训机会、晋升机会多、专业对口、发展空间大、出国机会多等，这些都与个人发展有关。

第二，保健因素。包括工资高、福利好、保险全、职业稳定、工作环境舒适、交通便捷、生活方便等，这些与福利待遇和生活有关。

第三，声望因素。包括单位知名度、单位规模和权力、行政级别和社会地位等，这些职业要素都与职业声望地位有关。

调查显示，大学生的职业价值观越来越重视发展因素，而对保健因素和声望因素的重视程度则因人而异，差别较大。在职业价值分析和测定过程中，个人必须处理好职业价值观不同要素之间的关系，并根据不同时期、不同情况明确职业核心需求，以便合理制定职业生涯规划和相关策略。

2.3.4 职业价值观培育的策略

（1）大力推行职业价值观教育

结合全国职业教育大会精神，高职教育要在优化职业教育的类型定位和增强职业教育的适应性上下功夫。从学生培养角度出发，要增强教育教学对学生成长成人的适应性，增强毕业生对用人单位的适应性。教育教学的基础是人才培养方案，以无锡科技职业学院2019级电气自动化技术专业为例，人才培养的规格要求分为三项：素质、知识和能力，素质要求有"具有自我管理能力、职业生涯规划的意识，有较强的集体意识和团队合作精神"，能力要求有"具有探究学习、终身学习、分析问题和解决问题的能力"。相对应的素质教育学分一共8个学分128个课时，分布在4个学期，无论是实践还是授课，总体而言偏少偏泛。关于"职业认知"在"大学第一课"和工匠精神等课程里有所体现，关于"职业情感""职业行为"如何贯穿于专业教学中未有体现。用人单位对高职毕业生的要求，除了应具备的必要技能外，更重视的是综合能力和职业价值观中所包含的各方面能力和素质，而目前的高职教育对学生的培养更注重专业技能、实践能力和创新能力等，对职业价值观中包含的各方面能力和素质的培育，亟待进一步加强。

（2）结合行业发展和企业需求制定切实可行的培养措施

为了增强高职毕业生对用人单位的适应性，高职学生职业价值观的培养必须依托产教融合和校企合作，把学生的职业认知、职业情感和职业行为能力培养作为校企合作人才培养的重点内容之一。校企可以签订现代学徒制合作协议，共同推进职业教育改革创新，共同培养为企业量身定做的学生，逐步建立校企分工合作、协同育人、共同发展的长效机制。校企双方共同制定人才培养方案、开展实践教学改革、进行课程建设、组织实习实训、进行产学研深度合作、建立现代学徒制班，在校企合作培养过程中不断提高学生的职业价值观和职业技能。以无锡村田电子有限公司在无锡科技职业学院成立的"村田班"为例，一年级的培育内容中以讲座、现场参观为主，二年级以案例教学和项目化教学为主，三年级就进入岗位实习阶段。在一年级新生开班之初，由村田公司日方总经理对学生授课"公司介绍及经营理念"，讲述村田公司的创业史、全球发展史和企业经营理念，在学生头脑里初步建立对电子制造业的整体认识，为"职业认知"打好基础，树立初步的企业形象，更重要的是让学生理解并赞同企业的经营理念和价值观，从而开始培养"职业情感"。村田公司的中方副总经理对学生授课"我的职业生涯"，特别强调职业成功的核心是职业人的人生观、价值观，帮助学生树立立志报效社会、报效祖国的志向。通过校企共同规划人才培养目标、达成要求、人才培养方案和课堂教学内容，以及企业参观、劳模工作室参观、环境爱护活动等课后活动内容，把职业价值观的培养贯彻到人才培养的全过程。

（3）加强师资队伍建设，促进学生形成积极的职业价值观

先有具备良好职业价值观的教师（师傅），后有具备良好职业价值观的学生，高职学生职业价值观的培养需要高水平"双师"教师队伍。一方面，可以选派高职院校教师去相关行业实践锻炼和专题培训等，让学校教师切实感受行业企业中模范标兵的职业价值观，同时也深入认识良好的职业价值观对学生将来职业生涯发展的重要性；另一方面，请行业企业先进标兵、劳动模范、技术能手等担任学校的产业教授、职场导师等，为学生开设讲座，讲述劳动故事，分享成长经历，激发学生对于本行业的认同感、荣誉感和敬业精神。内培外引，提高校内外整体师资队伍的职业素质，为学生树立积极的职业价值观典范。

（4）加强学生职业生涯发展路径的导引

目前高职院校都开设《大学生职业生涯规划》课程，主要基于理论阐释，让学生了解职业生涯规划的意义和类型，并进行自我认知与探索。但实际上，高职

学生就读在什么专业就基本确定了今后从事什么行业，如果进入现代学徒制班更是一半身份已经是企业准员工。此时的职业生涯发展教育，应该以专业为基础，以促进就业为导向，构建学校企业一体化的职业生涯规划教育系统，重点引导学生正确认知即将从事的职业，激发学生对即将从事的职业的认同感、荣誉感和敬业精神，培养积极的职业情感，提高学生的专业归属感。对学生进行职业生涯规划教育不是孤立的课程教学，应该基于产教融合，依托专业建设，运用不同职业生涯发展理论，建立高职院校和企业共商共建的职业生涯规划教育系统，为学生的职业发展打下扎实的基础。

2.3.5 职业价值观培育的典型活动

在高职教育中，多样化开展培养学生形成正确的职业价值观的活动。除了思政课、基础课和各专业课的教学中对学生职业价值观的培养外，"第二课堂"还组织学生开展各项活动。如团委组织学生每周坚持开展"青年大学习"；自管会组织学生开展晚自习检查、宿舍卫生检查等活动；学生会组织学生参加"红歌"比赛、运动会等活动；青年志愿者协会组织学生走进社区参加抗疫、人口普查和社区清扫志愿活动，走进敬老院开展助老、敬老、义演等活动，还组织学生参加为贫困地区进行爱心捐助的"炽光灯—衣物捐赠"活动、马拉松服务等志愿活动，见表2-3。

表2-3 高职学生职业价值观培养的活动及组织形式

序号	活动名称	活动计划 plan	执行工作 do	检查 check	处理 action
1	晚自习检查、教室和宿舍卫生检查、违章电器检查	1. 根据检查班级数进行任务分工 2. 列写检查项目 3. 检查中注意事项	1. 按照分工分头进行检查 2. 记录检查情况	1. 汇总检查结果 2. 反馈检查中发现的问题 3. 提出今后的检查建议	1. 针对晚自习、卫生表现好的班级、无违章电器的班级继续例行检查 2. 针对晚自习、卫生表现不好的班级和有违章电器的班级，反馈给班主任、辅导员 3. 每个月份按规定进行相应的加分、扣分
2	开展"青年大学习"	每周完成网上的"青年大学习"	1. 通过团委发布任务给各班团支书	1. 每周三汇总、公示各班学习完成情况，反馈给班主任	1. 对完成情况好的班级进行加分： 100%的班级+3分 90%~99%的+2分 80%~89%的+1分

续表

序号	活动名称	活动计划 plan	执行工作 do	检查 check	处理 action
2	开展"青年大学习"	每周完成网上的"青年大学习"	2．团支书通过班级群督促各班同学完成每周的学习	2．每周五汇总各班本周完成情况	2．每月累计加分情况进行公示、反馈
3	"红歌"比赛、辩论赛	1．确定活动主题 2．确定比赛时间 3．确定比赛方案 4．确定方案负责人	1．通过学生会或团委发布活动 2．各班制订班级参与活动的方案 3．各班组织团队训练 4．按期组织比赛 5．做好资料搜集	1．检查各班级方案制定情况 2．检查各班级准备情况 3．比赛结果汇总、公示、公布	1．针对活动表现出色的班级、个人颁发获奖证书 2．对获奖班级进行加分：第一名+3分；第二名+2分；第三名+1分
4	安全、诚信、爱国、抗疫等主题班会	1．明确主题活动意义 2．确定主题活动形式 3．确定主题活动完成的时间 4．确定方案负责人	1．通过学生会或团委发布活动 2．各班制订班级主题活动的方案 3．各班准备主题班会 4．按期组织、参与主题班会 5．做好资料搜集	1．检查各班级活动方案 2．检查各班级准备情况 3．主题班会评比结果汇总、公示、公布	1．针对活动表现出色的班级、个人颁发获奖证书 2．对获奖班级进行加分：第一名+3分；第二名+2分；第三名+1分
5	运动会	1．明确活动意义、时间、形式 2．确定活动负责人 3．招募、确定参与运动员 4．确定训练方案	1．通过学生会发布活动 2．各班组织宣传、上报参与项目的运动员 3．活动负责人组织选拔运动员 4．按期组织运动员训练 5．为运动会举行做相关准备 6．做好资料搜集	1．统计各班级报名情况 2．检查运动员训练情况 3．发现比赛中成绩优异者	1．针对活动表现出色的班级、个人颁发获奖证书 2．对获奖班级进行加分：第一名+3分；第二名+2分；第三名+1分 3．针对活动出现的问题进行反思和改进
6	迎新晚会、中秋晚会	1．明确活动意义、时间、形式 2．确定活动负责人	1．通过学生会或团委发布活动 2．各班组织宣传、上报节目和演员	1．统计各班级报名情况 2．检查节目组训练和彩排情况	1．针对活动表现出色的班级、个人颁发获奖证书 2．对获奖班级进行加分：第一名+3分；第二名+2分；第三名+1分

续表

序号	活动名称	活动计划 plan	执行工作 do	检查 check	处理 action
6	迎新晚会、中秋晚会	3．招募、确定节目和演员 4．确定训练方案	3．活动负责人组织、筛选节目 4．按期组织各节目组训练和彩排 5．为晚会举行做相关准备 6．做好资料搜集	3．发现优秀节目和演员	3．针对活动出现的问题进行反思和改进
7	爱心捐赠、义演等志愿活动（如捐助贫困地区的"炽光灯"、重阳敬老）	1．明确活动意义、时间、形式 2．确定活动负责人 3．招募、确定参与成员 4．确定志愿活动方案	1．通过学生会或团委发布活动 2．各班组织宣传 3．活动负责人组织招募参与成员 4．按期组织、参与志愿活动 5．为志愿活动做相关准备 6．做好资料搜集	1．统计各班级报名情况 2．检查各班级报名同学参与情况 3．发现志愿活动表现好的班级和个人	1．针对活动表现出色的班级、个人颁发获奖证书 2．对获奖班级进行加分：第一名+2分；第二名+1分 3．针对活动出现的问题进行反思和改进
8	服务类志愿活动（如迎新、人口普查、社区清扫、车展服务、科技服务、马拉松等志愿服务活动）	1．了解活动意义、时间、形式 2．确定活动负责人 3．招募、确定参与成员 4．确定志愿活动方案	1．通过学生会或团委发布活动 2．各班组织宣传 3．活动负责人组织招募参与成员 4．按期组织、参与志愿活动 5．为志愿活动做相关准备 6．做好资料搜集	1．统计各班级报名情况 2．检查各班级报名同学参与情况 3．发现志愿活动表现好的班级和个人	1．针对活动表现出色的班级、个人颁发获奖证书 2．对获奖班级进行加分：第一名+2分；第二名+1分 3．针对活动出现的问题进行反思和改进

2.4 职业生涯发展路径分析

随着我国高等职业教育的不断改革与发展，高职学生人数正在逐步增加，三年的学习生涯结束后应当如何面对职业与就业，高职学生的就业能力与优势竞争力成为社会关注的焦点。在此背景下，高职学生的职业生涯规划与发展得到进一步关注。虽然职业生涯规划教育已经普遍开展，但是针对学生的专业性就业指导服务比较有限，职业生涯规划辅导也较为模糊。

本节内容针对高职学生职业生涯发展路径开展剖析，帮助学生通过分析自我、认识自我，规划与自己相匹配的未来职业选择。

2.4.1 自我认知

1909年，美国职业指导之父帕森斯（Parsons）指出，人与职业相匹配是职业发展的关键。也就是说，职业发展，一要了解自我，二要了解自己身处的职业世界，然后综合两方面进行匹配（图2-2）。

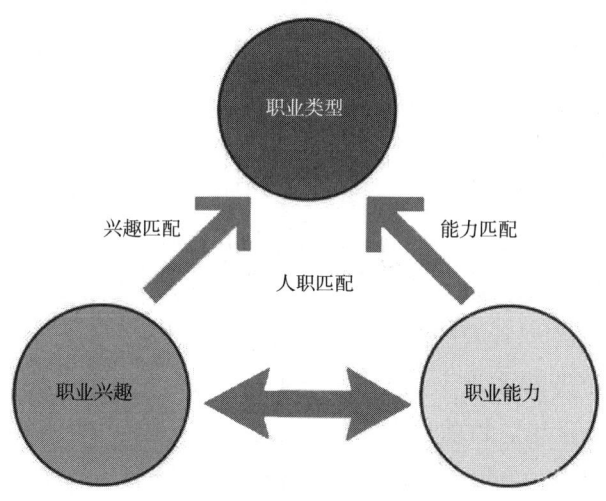

图2-2 人职匹配

认识自我是高职学生在开启职业生涯之前需要做的必要功课，也是在今后职业发展过程中不可缺少的。虽然认识自我的过程可能是艰难而痛苦的，但是它依然是一项有意义而让人受益无穷的任务。通常，认识自我可以从四个维度出发，分别是职业兴趣、个人性格、职业能力和职业价值观。

（1）职业兴趣

兴趣是人们主动追求某种事物或者从事某项活动的心理倾向。职业兴趣是开启一段职业的原始出发点，学生需要明白自己喜欢干什么。虽然兴趣不是为了从事某个行业产生的，但是可以依照不同的职业进行分类。尤其对于高职学生来说，在进入高职院校学习后，开始直接接触日后可能从事的职业相关的理论学习和技能训练。基于专业知识的学习，结合个人学习情况和个人兴趣类型，能够发展出不同的职业路线。也就是说，即使同一个专业、同一个班级的学生，今后也可以发展迥异的职业发展路径。

例如，同是机电一体化技术专业的学生，喜欢处理具体事务的学生，通常希望看到个人劳动的成果体现，能够从产品或者工作过程中获得满足感，他们比较喜欢在制造部门的技术岗位任职；喜欢与人打交道的学生，通常能够在人际交往中游刃有余，在沟通和说服他人过程中获得成就感，他们愿意担任产品技术咨询、售后服务、销售等岗位的工作；喜欢组织和管理工作的学生，可能希望在掌管、组织事务过程中获得他人的认可，他们则可以在行政管理部门、教育培训科室等处任职。

大多数人的兴趣类型并不是单一的，这会导致人们职业发展过程中产生犹豫和迷茫。在这时，对自我职业兴趣的深入剖析就显得尤为重要，因为它可能会成为选择职业道路的重要参考依据。

（2）个人性格

性格是人们在对其他人、对事物的态度和行为方式上所表现出来的个性特征。人的性格通常可以反映心理状态，其特点主要表现在态度、意志、情绪和理智方面。每种职业对从业者的性格特征都有特定的要求。高职学生了解自己的性格特征，对后期的职业发展十分有利。

①MBTI人格理论。目前在人的特质分析中普遍使用的MBTI人格理论可以作为学生个人性格认知的工具。MBTI人格理论由瑞典心理学家荣格在1913年提出，该理论主要用于解释为什么不同的人对不同的事物感兴趣、擅长不同的工作，并且有时不能相互理解。

MBTI理论所阐述的个性分为内倾和外倾两种态度类型，提出了四种功能类型，即理性功能相互对立的两种类型——思维功能与情感功能，非理性功能相互对立的两种类型——感觉功能和直觉功能（表2-4）。

表2-4　性格类型与特征

性格类型	个性特征
外倾型	倾向于对外部世界的客体做出反应；积极活动；经验先于理解；从外界获得心理能量；采用尝试－错误的工作方式；偏好新异刺激

续表

性格类型	个性特征
内倾型	倾向于在内部世界里沉思；偏好内省；理解先于行动；从精神世界获得心理能量；采用持久稳固的工作方式；偏好静态的外部环境
感觉型	着眼于现实；重视现实性和常情；关注具体性和特殊性，善于细节描述；循序渐进的工作方式；看重常规，相信确定有形的事物；倾向于观察具体事件；偏好已知事物
直觉型	着眼于未来；重视想象力和独创力；关注普遍性和象征性，使用隐喻和类比；跳跃性的工作方式；不拘常规，相信灵感和推断；倾向于把握事件的全局图面；偏好新的思想观念
思维型	退后思考，对问题进行非个人因素的分析；公正、坚定、怀疑；倾向于分析性和逻辑性的工作方式；行为简洁、经济、带有批判性；奉行清晰一致的客观原则
情感型	超前思考，考虑行为对他人的影响；温和、同情、体贴；倾向于和自己的情感一致的工作方式；行为期望他人认同；奉行清晰一致的主观价值观
判断型	行为有组织性和系统性；时间观念严谨，认真对待最后期限；看重工作结果；倾向于解决问题；认真完成预设目标
知觉型	行为保持开放性；时间观念宽松，经常变动最后期限；看重工作过程；倾向于使问题带有弹性；在获取新信息的过程中不断改变目标

由此，荣格将两种态度类型和四种功能类型组合起来，形成了八种个性类型：外倾思维型、外倾情感型、外倾直觉型、外倾感觉型、内倾思维型、内倾情感型、内倾直觉型、内倾感觉型。

MBTI理论认为，一个人的个性可以从四个角度进行分析，用字母代表如下：

驱动力的来源：外向E，内向I。

接受信息的方式：感觉S，直觉N。

决策的方式：思维T，情感F。

对待不确定性的态度：判断J，知觉P。

其中两两组合，可以组合成16种人格类型，见表2-5。

表2-5　MBTI人格理论的16种人格类型的特征与发展分析

性格类型	特征	发展分析
ISTJ 内倾感觉思维判断	详尽，精确，系统，勤劳，关注细节	致力于改善组织程序与过程，无论组织处在发展的顺境还是逆境，都对组织保持忠诚。适合做专业技术人员，在职场中以改善思维和忠诚赢得信任
ISFJ 内倾感觉情感判断	仁慈，忠诚，体谅他人，善良，不怕麻烦，帮助需要帮助的人	喜欢充当后盾，提供支持和鼓励。适合做技术支持和班组管理
INFJ 内倾直觉情感判断	相信自己的眼光，具有同情心和洞察力，温和地运用影响力	适合独立工作或与关注人的成长和发展的小群体共同工作
INTJ 内倾直觉思维判断	独立而极具个性化，具有专一性和果断性，相信自己的眼光	喜欢独自完成复杂的任务。适合做设有独立工作任务的岗位
ISTP 内倾感觉思维知觉	注重实用性，尊重事实，寻求有利方法，具有现实性，只信服被论证的结果	喜欢独自工作，依靠逻辑和谋略解决即时出现的组织问题。适合做设有独立工作任务的、较少与人打交道的工作岗位
ISFP 内倾感觉情感知觉	温和，体贴，灵活，具有开放性，富有同情心，尤其是对那些需要帮助的人	在完成任务时，适合在合作和充满和谐气氛的团队中工作
INFP 内倾直觉情感知觉	具有开放性，是理想主义者，具有洞察力，灵活	希望自己的工作被认为是重要的，适合独立工作或在能发挥创造性的小团体里工作
INTP 内倾直觉思维知觉	讲究合理性，喜欢理论和抽象的事务，好奇心强，更喜欢构建思想，不太关注环境和人	强调对自己的观点和方法拥有最大的自主权，适合单独工作的岗位
ESTP 外倾感觉思维知觉	行为定向，讲究实效，足智多谋，注重现实，用最有效的方法解决问题	喜欢事件即时发生，然后在复杂的情境中找到解决问题的方法。适合具有挑战性的工作
ESFP 外倾感觉情感知觉	友好，开朗，爱开玩笑，活泼，喜欢与他人相处	适合在团队中与其他活泼、快节奏的人一起工作
ENFP 外倾直觉情感知觉	热情，富有洞察力和创新性，多才多艺，不知疲倦地寻求新的希望和前景	致力于从事能给人们带来更好改变的事情，适合在团队中工作

续表

性格类型	特征	发展分析
ENTP 外倾直觉思维知觉	富于创新，具有战略眼光，多才多艺，分析型思维，具有创业能力	喜欢与他人一起从事需要非凡智慧的原创性活动。适合从事设计或研发类型的工作
ESTJ 外倾感觉思维判断	理智，善于分析，果断，意志坚定，以系统化的方式组织具体事实	喜欢事先熟悉细节和操作程序，和他人一起完成任务。适合在团队中从事专业技术工作
ESFJ 外倾感觉情感判断	乐于助人，机制，富有同情心，注重秩序，把与他人和谐相处看得很重要	喜欢组织人们和制订计划完成眼前的任务。适合班组管理方面的工作
ENFJ 外倾直觉情感判断	关注人际关系，理解、宽容和赞赏他人，是良好沟通的促进者	致力于完成与人们的发展有关的各种任务，适合在团队中工作
ENTJ 外倾直觉思维判断	具有逻辑性、组织性、客观性、果断性	尤其在从事管理工作和制订战略计划时，喜欢与他人一起工作，适合在团队中从事专业技术工作

②性格的四个维度。性格包括态度特征、意志特征、情绪特征和理智特征四个维度。

态度特征。态度特征是指一个人如何处理社会各方面关系的性格特征，也就是这个人对生活、对工作、对别人、对自己的态度的表现。例如，关心他人、乐于助人、正直、文明、勤劳、礼貌、谦逊、谨慎、认真、节约，也包括自私自利、损人利己、狡猾、奸佞、暴躁、挥霍、敷衍、狂妄等。性格的态度特征的各个方面不是孤立存在，而是相互结果成一个整体，例如，一个大公无私的人，往往做事情都是勤劳、认真、克勤克俭的行为方式。而一个自私自利的人，其行为方式一定是损人利己、狡猾奸诈，对待工作敷衍不负责任。狂妄自大的人不会大公无私。

意志特征。意志特征是一个人自觉对自己行为进行调解的特征。良好的意志特征是行动有计划、独立自由、不受别人左右、果断、坚韧不拔、有毅力、自制力强；不良的意志特征是盲目、随波逐流、优柔寡断、被动、虎头蛇尾、偏执、固执、任性、怯懦等。

情绪特征。情绪特征是一个人的情绪对他的活动的影响，以及他对自己情绪的控制能力。好的情绪特征善于控制自己的情绪，常常处于积极乐观的心境状态，不好的情绪特征是无论事情大小、事情是否和自己相关，都能引起他的情绪波动，心境消极悲观。

理智特征。理智特征是一个人对现实的认知和分析的能力。好的理智特征善于主动观察和独立思考，不容易受外界因素影响他的思考。有的人分析问题立足于现实，全面看问题。不好的理智特征往往是构建幻想，脱离现实，人云亦云，钻牛角尖。

（3）职业能力

个人能力与职业的关系非常密切，是职业选择的重要依据，通常面试官在选拔入职职员时对职业能力的考核占分最多。因此，学生对自己的能力要有清楚的认识，根据自己的能力选择相应的职业，选准与自己职业能力倾向一致的职业，这样才容易在职业生涯中保持竞争力。

职业能力是多种能力的综合，可以把职业能力分为一般职业能力、专业能力和职业综合能力。专业能力主要是指根据工作的性质、内容和环境契合的能力类型，即从事某一职业的专业能力。高职院校以培养高技能人才为目标，学生选择专业进入高职院校学习，系统学习专业基础理论，并同步提升实践能力。高职学生应当对自身的专业能力有所认识，结合对职业的认识，在职业发展过程能够扬长避短，充分发挥个人优势，不断提高职业层次。

一般职业能力主要是指一般的学习能力、文字和语言运用能力、数学运用能力、空间判断能力、形体知觉能力、颜色分辨能力、手的灵巧度、手眼协调能力等。

职业综合能力主要是国际上普遍注重培养的"关键能力"，即跨职业的专业能力，包括运用数学和测量方法的能力、计算机应用能力、运用外语解决技术问题和进行交流的能力；方法能力，包括信息收集和筛选能力、掌握制定工作计划和独立决策与实施的能力、具备准确的自我评价能力和接受他人评价的承受力，并能够从成败经历中有效地吸取经验教训；社会能力，包括一个人的团队协作能力、人际交往和善于沟通的能力，在工作中能够协同他人共同完成工作，对他人公正宽容，具有准确裁定事物的判断力和自律能力等，这是岗位胜任和在工作中开拓进取的重要条件。此外，一个人的职业道德以及爱岗敬业、工作负责、注重细节的职业人格越来越受到全社会的尊重和推崇。

学生要注重科学思维能力的培养。人们在工作、学习、生活中每逢遇到问题，总要"想一想"，这种"想"，就是思维。它是通过分析、综合、概括、抽象、比较、具体化和系统化等一系列过程，对感性材料进行加工并转化为理性认识及解决问题的。人们常说的概念、判断和推理是思维的基本形式。无论是学生的学习活动，还是人类的一切发明创造活动，都离不开思维，思维能力是学习能力的核心。

信息时代，人们需要驾驭知识和信息的能力。人才竞争的焦点也变成了思维灵活性的比拼，创造力的竞技。思维敏捷、具有创新的人，懂得如何正确思考问题、善于利用知识和工具。思维能力是高职学生重要的通用能力之一，在不断更新的技术面前，教师应在教学中为学生提供科学思维训练的平台和思想交流的机会，不但要使学生学习基本理论、基本知识、实验技能和应用技能，而且要求学生接受科学研究和现代教育理论与实践的基本训练、具有较强的科学素养。

科学思维能力是科学教育与学生智力、能力发展有机结合的产物，是学生科学素养的体现。科学思维就是以辩证法的观点来思考自然科学中出现的新问题和新观点。根据思维活动内容分为动作思维、形象思维、抽象思维；根据思维方向分为集中思维、发散思维；根据思维过程分为分析思维、直觉思维；根据思维的新颖性分为常规思维、创造思维。

虽然人人都能够进行思维，但是有的人一生事业平平，有的人一生硕果累累，他们有思维上有什么不同呢？关键在于后者具有很强的逻辑思维的同时，还具有一定的创新思维，创新程度越高，成就越大。创新思维是人类在探索未知领域过程中，能够打破常规、积极向上、寻求获得新成果的思维活动。学生在平时的学习生活中除了加强逻辑思维的训练，还需要训练两个非常重要的创新思维，即发散思维和逆向思维。

①逻辑思维训练。逻辑思维是人们在认识过程中借助于概念、判断、推理等思维形式能动地反映客观现实的理性认识过程。它是作为对认识者的思维及其结构以及起作用的规律的分析而产生和发展起来的。只有经过逻辑思维，人们才能达到对具体对象本质规定的把握，进而认识客观世界。

逻辑思维是一种确定的、而不是模棱两可的，前后一贯的、而不是自相矛盾的，有条理、有根据的思维。在逻辑思维中，要用到概念、判断、推理等思维形式和比较、分析、综合、抽象、概括等方法，而掌握和运用这些思维形式和方法的程度，也就是逻辑思维的能力。

一个人的逻辑思维能力并不是一下就能培养和发展起来的，它需要一个长期的训练过程。学生应经常将易混淆的概念有意识地提出来，进行思索和比较，掌握概念的精髓，提高分析能力。学生对新知识的认识过程需要较长的时间，但课堂时间有限，学生要积极主动地思维，学会对所见事实抽象概括、归纳总结、演绎推理，揭示客观对象的本质的规律性，提高学生的推理能力。

②发散思维训练。发散思维是指沿着不同的方向、不同的角度思考问题，从多方面寻找解决问题的答案的思维方式，又称求异思维。这种思维方式的最根本的特点是多方面、多思路地思考问题，而不是局限于一种思路、一个角度、一个方法，如"一题多解""一事多写""一物多用"等。它不满足于已有的思维成果，力图向新的领域探索，并在各种方法中寻找一种更好的方法。创新活动一定要具有足够的思维广度。把思维广度扩展一下，便会产生许多奇妙的创意，也就是需要具备发散性思维。

心理学家曾做过这样的试验：在黑板上画一个圆圈，问在座的学生这是什么。其中大学生回答很一致："这是一个圆。"而幼儿园的小朋友则给出了各种各样的答案："太阳""皮球""镜子"……可谓五花八门。或许大学生的答案更加符合所画的图形，但是比起幼儿园的孩子来说，他们的答案是不是显得有些单调呢？大家是不是更加赞成小朋友的多彩答案呢？学生要学习运用发散性思维，从一个目标出发，在已有知识的基础上，利用全部信息，进行放射性、多方位发散、多方位论证、多因素分析，爆发出创造思维的火花。但若没有收敛性思维作补充，容易发散无边，变成幻想、空想、瞎想。当思维发散到一定程度，就要适当收敛，对同一目标进行多种方案设计后，要对众多的方案进行比较和可行性检验，从而寻求较好的方案。

③逆向思维训练。逆向思维又叫反向思维，是从原有的思维方式的相反或相对的角度出发，也就是人们所说的"反其道而行之"，它是对司空见惯的、似乎已成定论的事物或观点反过来思考的一种思维方式。

逆向思维从对立统一规律出发，从问题的相反面深入地进行探索，树立新思想，创立新形象。其实，对于某些问题，尤其是一些特殊问题，从结论往回推，倒过来思考，从求解回到已知条件，反过去想或许会使问题简单化，使解决它变得轻而易举，甚至因此而有所发现，这就是逆向思维的魅力。

有人落水，常规的思维模式是"救人离水"，而司马光面对紧急险情，运用了逆向思维，果断地用石头把缸砸破，"让水离人"，救了小伙伴的性命。学生要根据认识发展规律和知识体系的逻辑顺序，对于能够通过顺向思维达到理解和应用目的的知识，则顺向思维。有的知识，通过顺向思维往往难以认识和理解，当思维遇到难题或陷入困境时，就应进行逆向思维，另辟蹊径，把问题反过来思考，才能豁然开朗，使难题迎刃而解。学生进行逆向思维训练，从事物的相反功能去探索、质疑，不仅加深了知识理解，提高思维的灵活性、变通性，也有利于打破传统思维的束缚，甚至会发现一个令人惊奇的新天地。

（4）职业价值观

职业价值观在后期的职业发展中起到至关重要的作用，在职业发展过程中，应当摒弃短视目标，将职业发展放在较长时期来考虑，短期的经济利益、人为因素等不应成为中断职业进程的原因。

2.4.2 职业认知

人们周围经常发生这样的事情，同样的行业，有的人觉得越干越有意思，而有的人天天在思索如何换行业；同样的工作，有的人在一个公司工作非常愉快，而在另一个公司工作却很不开心。其实只有知道什么任职方向适合自己，找到适合自己的环境和氛围，才会心情愉悦、充分发挥才能、高效投入工作并取得成功。对职业的认知可以从家庭环境、学校环境、职业环境三方面进行分析。

（1）家庭环境分析

指对家庭环境、家人期望和就业动机、方向的分析。

（2）学校环境分析

分析专业与职业的关系，社会实践与能力培养。

（3）职业环境分析

包括行业环境分析、职位分析、企业环境分析、职业地域分析。

行业环境分析是对目前所从事行业和将来想从事的目标行业的分析，做到人业匹配。分析内容包括行业的发展状况、国际国内重大事件对行业的影响、目前行业优势与问题所在、行业发展趋势如何等。

职位分析就是要认清所选职位在社会大环境中的发展状况、技术含量、社会地位、未来趋势等，做到人职匹配。例如，当前热点岗位有哪些，发展前景如何；社会发展趋势对所选职业有哪些要求，影响如何等。

企业环境分析就是分析企业的单位类型、企业文化、发展前景、发展阶段、产品服务、员工素质、工作氛围等，做到人企匹配。首先，要确定自己适合什么样的企业文化、什么样的环境，从而找到真正适合自己的公司。职业人必须长期、努力地工作，如果用几年的时间做自己并不适合的工作（这种情况非常常见），那么就是在浪费生命、浪费组织的信任。

职业地域分析需要综合评价从业所在城市的发展前景、行业发展、人才需求、文化特点、人际关系等情况，做到人城匹配。

通过把握社会和现代企业对职业人的要求，发现自身不足，有计划地提高自己的素养、能力等，从而能够胜任未来职业的要求。

2.4.3 职业生涯设计

规划职业生涯可以从确定职业目标及路径、制定行动计划、评估与调整、寻求指导与建议等几方面来完成。

（1）确定职业目标及路径

职业发展在于行动而不在于空想。个人提升的第一步是摸清现状。在完成自我认知和职业认知后，找到适合自己的职业目标，并确定职业路径。

基于自我认知，在确定职业目前时，可以采用SWOT分析法帮助决策，即基于内外部竞争环境和竞争条件下的态势分析，将与个人密切相关的各种主要内部优势、劣势和外部的机会和威胁等，通过调查列举出来，并依照矩阵形式排列，然后用系统分析的思想。其中"S"指内部优势因素、"W"指内部弱势因素、"O"指外部机会因素、"T"指外部威胁因素，见表2-6。

表2-6 职业生涯规划SWOT分析表

	优势因素（S）	弱势因素（W）
内部环境因素	指个体可控并可利用的内在积极因素 全面的专业训练 丰富的社会实践经历 过硬的职业资格证书 较强的可转移能力（如沟通等） 适合的个体特质（如创造性、乐观等）	指个体可控并努力改善的内在消极因素 缺乏工作经验 对职业环境适应不足 专业适用面狭窄 负面的人格特征（如情绪化等） 某些应用能力不足（如语言能力等）
	机会因素（O）	威胁因素（T）
外部环境因素	指个体不可控但可利用的外部积极因素 经济发展导致就业岗位改变 新兴岗位产生 专业领域急需人才 地理位置优势 再教育的机会	指个体不可控但可使其弱化的外部消极因素 由同等条件的就职人员带来的竞争 具有丰富技能、经验、知识的竞争者 人才需求饱和 人才需求方的谈判优势 所学专业领域增长过缓

高职毕业生在职场上应当理智地明确职业目标及该目标达成所需的条件，

瞄准现有薄弱环节，找到自身与目标之间的差距，确定实现目标应关注的主要因素，如思想观念、知识、能力、心理素质等。

（2）制定行动计划

职业目标的达成不是一朝一夕的功夫，必须做好长期努力的心理准备。在通向目标的路径上设立分阶段目标，如5年目标、3年目标、1年目标等。对分阶段目标制定1月计划、1周计划、甚至1日计划等。

按照制定的计划和措施严格执行。在实施的过程中，可能会发现新的问题，应该根据新情况及时调整计划内容，以确保计划符合现实情况发展。

（3）评估与调整

在分阶段完成计划时，根据所确定的目标和要求对执行结果进行实事求是的评估。在此过程中不用压力过大，即使目标没有完全达成，也可以持续改进，并对执行过程遇到的阻碍进行分析。

（4）寻求指导与建议

个人职业发展目标必须符合企业整体目标设置。所谓"当局者迷，旁观者清"，在个人发展计划执行过程中不可忽略身边同事（同学）、领导（老师）的意见和指导。在制定个人计划或者调整计划时，可以主动寻求他们的建议，解决个人困惑。

2.5 促进职业生涯发展

2.5.1 职业生涯发展需求

随着区域经济的发展与产业升级需要，企业对就职人员稳定性的重视程度逐步加强，分析与梳理学生职业生涯发展需求就显得尤为重要。

（1）工作成绩认可

企业的人文环境、人文关怀受到毕业生的关注，甚至成为选择企业的一大依据。学生在入职企业后，因工作量的提升而引起的工作压力需要得到合理释放。在取得阶段性的成果时，员工往往渴望获得来自主管部门明确表达的认可。

（2）职业发展指导

沉浸在日常忙碌工作中的年轻员工，往往忽略个人职业发展的需求，或是有个人发展需求却发现无从下手的情况较为普遍。有调研发现，超过55%的毕业生表示公司曾经提供过升职机会，但只有36%左右的被访者表示曾经主动争取过高阶层工作岗位。并且，对公司经营方针及中长期规划、公司培训体系的了解程度也只达50%。这说明，毕业生对于职业发展有需求，但是对如何发展比较迷茫，亟须给予正确的指导和说明。

（3）福利待遇激励

初期踏上工作岗位的毕业生，精力主要投放在与陌生环境的磨合上，对待遇需求不高。随着年龄的增长和家庭环境的发展变化，对经济条件的要求逐步提高，对于福利待遇的激励需求也会增加。

2.5.2 职业生涯发展阻碍因素

高职毕业生入职后，随着主客观环境的变化发展，受多种因素影响，他们的稳定就职也同时伴随有职业生涯发展受限的危机。而这类危机可能会成为毕业生个人发展和企业事业发展的阻力来源。

根据危机的来源和性质，可以归纳为三类因素：学生自身因素、家庭社会因素和职场发展因素。

（1）学生自身因素

对职业认知不足。高职学生对职业的认知主要来自学习实践活动。通过高职院校的专业化学习，学生对对口工作岗位虽然有所了解，但过于浅显和单一。从高职院校较为自由和宽松的环境转换到紧张、规律的职业环境，难免存在需要磨合的情况。个人曾经对职业场景的美好向往可能被繁杂的基层工作冲淡，工作中的多线挑战是对毕业生们体力、脑力、心理等多方面的考验。未对职场做好充分准备的毕业生，在勉强完成工作任务后积累的疲累感，可能会阻挠其继续前进的脚步。

个人发展动力不足。随着经济社会发展，学生的择业动机所展现的共同点体现在学生对于职业的期待较多停留在薪资待遇方面，也成为他们选择就职企业和岗位的一大标准。这是招聘市场中的正常现象，同时也意味着当薪资待遇达到学生的心理期待值后，当工作环境的压力随着经验积累逐渐消解时，继续在职业道路上提升的动力就逐渐削弱了。通过调研也可以印证，有部分毕业生对目前的工作岗位和薪资待遇比较满意，求稳求安逸的思想比较突出，在本职级的基础上继续提升的个人意愿不足。

（2）家庭社会因素

个人家庭影响。学生对职业的选择与发展与其原生家庭和未来组建的新家庭有着密切的关系。首先，学生对职业发展的态度较多受其家庭成员，尤其是父母的影响。如果父母在就职过程中踏实肯干、勇于突破自我,在父母的影响下,学生在职场中也容易形成同类型的工作态度。而未来新家庭的组建也会使学生对职业发展的态度产生影响。新家庭组建的地域问题直接阻断毕业生的继续就职。在本地组建新家庭的,初期建立新生活的物质需求激增,对于职业的热情较为高涨;随着经济基础逐步夯实,生活进入稳定轨道,追求职业发展的动力可能会逐渐减弱。

职业认可度影响。随着产业升级和新兴产业崛起,社会发展给予的各种机会增多,契合了年轻人求新求变的心理,一些学生对从事已久的本职工作的坚持可能产生动摇,更不会考虑其在原有职业道路上的发展。

(3)职场环境因素

个人提升目标受限。学生跨入职场受到职业环境的塑造。当学生发展到一定程度并想进一步得到提升时,首要完成的任务就是对自我的提升。调研中,一些学生在学习规划方面比较迷茫,一方面可能是对公司的发展目标、前景和计划不了解,另一方面可能是对岗位发展目标不明确。

工作类型影响。相较中小型企业中员工"多面手"特点,大型企业中工作分工和职责划分非常明确,学生的工作面较"窄",容易滋长"希望尝试其他类型的工作"的个人发展心理需求。加之大型企业就职人数众多,岗位竞争激烈,获得尝试的机会更少,毕业生的职业发展热情难以得到维持。

2.5.3 职业生涯发展的策略

(1)校企立体式互动,塑造职场完美初印象

企业作为校企互动的关键一环,更是职业教育过程中不可缺少的角色。在过去常见的校企合作模式中,企业通常是从符合自身利益的角度来提供岗位。"重工作人力,轻人才培养"的现象比较突出,或者是在用工吃紧的情况下才与学校开展合作。随着社会多元化发展,在可行范围内,企业应当切实以培养储备人才的方式提前介入职业教育。

高职学生稳定踏入职场的第一步需要校企共同推进。学生在职场发展方面的信心来源于对就职企业的信赖,对职场的初印象是奠定信赖的出发点。除了对于企业产品、设备和企业品牌的了解,企业丰富的管理实践经验适合纳入学校的职业课程和技能课程,聘请企业管理人员作为职业导师,参与课程设计、实施和考核,让学生有机会在校期间与企业深入互动,除了学习专业知识外,更能带领学生建立正确的职业观。

（2）完善进修机制，疏通交流渠道

进一步完善普通员工提升的企业培训制度和体系规则。建立资深员工和新入门员工的进修结对，帮助彼此进行学习计划的制定和调整。对于刚刚从学校毕业的学生而言，修读学分是在校学习的必要过程。在踏入企业后，倘若在参与培训时同样能够引入学分机制，兑现相应的学分奖励，可以大大吸引和鼓励新员工加入培训学习。

针对新员工设立个人提升意愿反馈机制，鼓励员工对自身发展提出自查与展望，帮助员工化解困惑。在沟通过程中，也能够及时观察员工的工作状态，纠正错误，提升工作状态。有条件的企业可在公司范围内开展学历认证，与有资质的学校开展学历教育合作，鼓励低学历员工提升学历，提高学习热情，重拾个人发展的目标。

（3）加强考核，建立岗位轮换制度

做好岗位考核，完善考核标准，利用公开透明的考核机制激励员工加强包括专业技能及语言、沟通等软技能在内的个人能力优化，并根据考核情况设置差异化奖励。

逐步开展岗位轮换制度，明确就职要求，营造该岗位部门内部竞争氛围，激发员工个人潜能，促进员工对个人能力和工作擅长领域进行定位和分析；增进跨部门员工业务交流，提高业务水平，加强职员对企业运作的深入了解；帮助新员工快速寻找学习目标，给老员工提供更多发展机会，明确发展方向。

（4）增进群体互动，提升凝聚力

职业发展的前提是稳定的工作状态。良好的企业文化需要深植员工内心，鼓励员工积极建言献策，营造员工与企业的和谐共生氛围。在企业中，新员工能够得到重视和关心，是在企业稳定工作的基础条件。发挥企业工会、党支部等内部组织的作用，创造各类活动机会，提升员工团队合作能力，增进员工彼此之间的了解，进一步提升凝聚力，增强员工的岗位黏性。

2.6 职业生涯发展典型案例

职业生涯发展并不玄幻，它是每位员工一步一步脚踏实地奋斗出来的。从前辈们的职业发展案例中，高职学生一定能学习到一些可贵的品质，帮助自己审视自己，争取在未来取得职业生涯的高峰。

（1）勇往直前源于热爱

用实力证明自己，是职业发展最简单也是最直接的方式。全身心热爱自己的工作并努力攻克每一个困难，不断修炼自己，让自己成为打开职业大门的金钥匙。藏汉林同学的职业经历就可见一斑。

藏汗林，2008年毕业于无锡科技职业学院模具设计与制造专业。毕业后入职村田公司，目前是包装工程生产技术科的一名主管，目前主要负责的业务是现场保全业务、生产技术改善类课题的企划以及未来智能工厂—智能仓库部分的设计及推进。

藏汗林是公司内毕业生职业发展最快的之一，目前的职级，如果按照正常的职级晋升，需要花费17年，而他仅花了11年时间，提前了整整6年。他对工作充满热情，对任何事情都抱有积极乐观的态度和勇往直前的精神，这些品质就是令人瞩目的成绩背后的真正原因。

藏汗林热爱自己的专业，进入公司后，所学的专业和从事的工作也很对口，这使他很快地投入工作中。他花费大量的时间研究枯燥的日文版说明书，无论多么辛苦，不轻易放过一个故障，尽可能地把真正的原因找出来。有一次他为了解决一个故障，整整花费了2个月时间，不停地进行实验、不停地总结经验、不停地写心得体会，最终他把这个故障所有的模式以及发生的原因都调查得清清楚楚。

他在工作岗位上兢兢业业，工作第三年就被提拔为带班组长，一开始因为年轻难以服众，但他没有气馁，别人不愿意修的设备故障、别人修不好的故障，他主动去修，通过一次又一次业务能力的展示来证明自己。他逐渐团结起全班组员，带领他们积极投入工作中。工作第八年，他因出色的业务能力开始负责一个工程的保全业务，工作期间接触到日本专家对待工作孜孜不倦的认真态度让他印象深刻。善于思考的他不是简单地学习如何做的方法，而是从日本专家那里学习到了很多设备维护的思考方法。工作的第13年，他的工作舞台更宽广了，但是他奋力拼搏的工作品质始终如一，他不迷信权威，通过踏实工作积累的经验支持着他时刻准备着接受更多的挑战。

（2）学习就是王道

"学无止境"是人们熟悉的成语，保持学习是保持提升状态的秘密武器。学校学习的知识只有经过消化和实践才能在工作岗位上焕发生机，而持续不断地学习才是保持自身与工作联系不断线的法宝。

蔡雅思，2010年毕业于无锡科技职业学院。2010年10月入职村田公司工作，从事生产技术工作，一直工作至今。蔡雅思是学校招收的第二届双专业学生，他的专业是"机电一体化/应用日语"。进入大学学习后，他对未来要做什么也曾感到很迷茫。走上工作岗位后，他从生产现场的预防保全做起，先开始了解设备的构造与原理，在这个过程中，他发现在学校所学的书本中的知识应用到实际现场并没有那么简单，有时候要找到引发设备异常的问题非常困难，他也意识到保全工作需要积累大量的经验和实际操作，他主动去找有经验的前辈和同事寻求帮助，有时候日本的技术人员来进行现场支援时，他也利用自己的日语优势主动上前咨询自己遇到的问题，就这样，不到一年半的时间，他迅速成长为一名可以独立对应生产的保全人员。

因他过硬的技术表现，被公司选中前往日本学习，回国后，在他和同事的共同努力下，新商品得以顺利量产。量产后在做了几个月的改善课题后，他又重新返回生产现场做保全对应。当生产现场出现问题又无法寻求他人帮助时，为了对应生产，他必须要尽快排除故障解决问题。在这种压力环境下，他发现问题与解决问题的能力得到了提升。随着他的技术能力的提升，蔡雅思也迎来了职位提升，但这并没阻挡他继续学习、提升基础和理论知识的脚步。现在，蔡雅思还从事着之前的教育和现场保全业务，他"目标明确、努力实现"的信念，将帮助他在生产技术的道路上越走越开阔，越走越顺利。

对于"跳槽"，蔡雅思表示他会理性考虑，新工作的吸引力不仅是提高薪资待遇，更应当有清晰的职业生涯规划和生产技术发展机会。他坚信，只有自己越来越好，才能让自己的职业发展机会越来越多。

（3）不设限的工作精神

人生不设限是一种开放灵活的态度，愿意挑战自我的人在工作中总是容易获得更多的机会。

缪旦新，2006年毕业于无锡科技职业学院，是学校的第一届毕业生，专业为实用日语，毕业时除了拿到本专业的毕业证书以外，还取得了计算机二级（数据库）和英语四级证书。目前缪旦新是村田公司工业工程科的一名副主管，从事村田公司主要商品的损益管理工作。

缪旦新作为日语专业的毕业生入职公司，当时主要作为翻译，在各个部门内促进日本员工和中国员工的日常交流。就这样她进入制造部门，工作的主要内容是处理文书类的辅助工作，工作很简单、容易上手，但需要每天不断重复。缪旦新在这个岗位上一干就是三年，让她引以为豪的是，这三年来没有出过一起差错，这都归功于她认真、踏实的性格。在一次业绩评价的面谈中，她主动提出自己想要学习新的知识和提高自己的能力的愿望。于是，她被推荐到生产管理部门工作。新工作对于缪旦新很陌生，每天必须学习新岗位的业务，虽然很辛苦，但是这份有挑战性的工作让她感觉很兴奋，她可以使用日语、英语和客户进行交流，这使她的外语能力得到了锻炼和提高。经过她的主动学习生产管理中的纳期管理和资材管理工作也做得得心应手。

原本她认为生产管理是最适合自己的工作，自己也会一直把这份工作做下去。没多久，因为出色的工作业绩，她的工作又调整到了工业工程部门做损益分析。对她来说，这又是一个全新的工作、更困难的工作，但她并没有退缩，依然从零开始，跟着师傅一起翻阅大量的资料，做好基础数据分析。到日本公司学习了半年后，她带回来很多好的分析方法，并且和她师傅一起把损益分析的业务整理得条理清晰，现在的她已成为一名优秀的损益分析担当，不仅在各个部门大会上都能看见她发表意见的身影，她还直接向总经理进行工作报告。

缪旦新做过制造庶务、生产管理担当和损益分析担当工作，其中生产管理担当和损益分析的工作之前她完全没有接触过，与所学的专业也不对口，但是她也能做得很好，她分享的其中一个秘诀就是，在工作中要愿意接受挑战，戒骄戒躁，主动帮助其他同事，让自己拥有更多锻炼的机会，为今后更好的工作机会打好基础。

2.7 本章小结

本章引导高职学生树立社会主义核心价值观和正确的职业价值观，分析了职业态度、职业认知、职业情感和个人性格等对高职学生职业生涯规划的影响，提出了高职学生职业生涯发展的策略，以职业生涯发展的典型案例启示高职学生如何走好脚下的路。

第3章　职业素养培育

职业人必须拥有良好的职业素养和过硬的职业技能才能胜任岗位，才能成为真正的职业人。职业素养由以下两方面构成：精神层面素养和行为层面素养。

精神层面素养包含价值观、职业认知、职业情感、个人性格等方面的内容。本章通过对企业的调查与分析，探索职业人最应掌握的六大行为层面的职业素养（或叫作工作的基本方式）：团队合作、5S与标准化、感知力与"报连相"、原点管理与原理原则、PDCA循环、现场改善。

3.1　现代企业对员工行为层面职业素养的基本要求

行为层面的职业素养是企业员工在生产活动中需要遵守的行为规范或准则。这种规范不只是某种文字类的标准和基准，更是在生产活动中模式化的工作方式和手段。职业人适应现代职业岗位不仅要拥有相应的专业技术知识和技能，更需要掌握工作推进和工作改善的方式方法。

在村田公司，员工的成长阶段可以分为：新人→熟练员工→中坚员工三个阶段。而这三个阶段对员工的期望分别是：不发生问题→发现问题→解决问题。不发生问题的根本方法就是按照标准和流程作业，这是对职业人的基本要求；发现问题的前提是拥有知识和经验的前提下，能够在工作现场感知异常或感知问题，并且及时报告；解决问题的前提是懂得事物的原理原则和改善问题的基本原则，并且充分利用各种资源分配，有计划的推进改善。

在村田公司，员工的成长与职业素养（行为方式）的关联性表达如下：
新人·不发生问题→①团队合作，②5S与标准化。
熟练员工·发现问题→③感知力与"报连相"。
中坚员工·解决问题→④原理原则与原点管理，⑤PDCA循环，⑥现场改善。
这是职业人所应该具备的最基本和最核心的行为层面的职业素养。

3.1.1　团队合作

团队是合理利用每一个成员的知识和技能协同工作解决问题，达到共同的目标而在一起工作的一群人。团队精神是大局意识、协作精神和服务精神的集中体现，核心是协同合作，反映的是个体利益和整体利益的统一，并进而保证组织的高效率运转。团队和个人的关系如下。

团队有五个要素，即规则、成员、目标、计划、冲突。其中成员也就是团队的每一个个人，是团队的最核心力量。而个人也有五个要素，直接影响团队是否能完成目标，即每个人的技能、价值观、素养、干劲和职责意识。团队需要激励每一个成员表现出最优秀的一面。团队中的每个成员通过不断地学习成长，来更好地服务团队，共同完成团队目标。

3.1.2　5S与标准化

5S管理是工作现场的管理方法，即整理（seiri）、整顿（seiton）、清扫（seiso）、清洁（seiketsu）、素养（shitsuke）五个项目，简称5S。

5S管理在安全管理、品质改善、提高效率、节约成本等方面有促进改善的作用，是企业在生产活动中必须要彻底实施的基本的管理活动，是一项持之以恒的活动。

标准化是为了在经济、技术、科学和管理等一定范围内的实践活动中获得最佳秩序和社会效益，对实际的或潜在的问题制定共同的和重复使用的规则的活动。5S活动中，为了确保整理、整顿，清扫活动的成效，必须进行的关键步骤"清洁"，就是标准化。企业生产作业的基本流程，设备检修维护流程就是标准化的典例。标准化的目的包含了确保作业效率、产品品质、生产安全、环境保护等。员工最基本的职业素养就是能够不折不扣地遵守作业和工作的规范（标准），按照作业标准和工作规范进行工作。

3.1.3　感知力与"报连相"

感知力就是像传感器一样时刻检知异常，并立即将异常状况发送给设备CPU，立即通知设备报警或停机。对于员工而言就是问题意识，带着敏感性去发现工作、生活中潜在的异常状况。发现异常后，应该立即实施"报告联络商量（相谈）"，通过科学分析并检讨改善对策，并实施改善对策，彻底解决问题。

感知力来源于员工对现场的认知水平，这与员工的经验和知识相关联；而"报告联络商量（相谈）"则来源于员工对自身岗位的责任心。很多场合即使员工感知到现场的异常，由于对岗位缺乏责任感或对企业团队的归属感不足，而选择沉默不报。所以"报连相"是工作推进中不可或缺的职业素养之一。

3.1.4 原理原则与原点管理

原理是指实现动作基本的理由，基本的理论、构造等的结构。原理是对规律的诠释，而原则是为了维持原理的基本条件，是指经过长期经验总结所得出的合理化的现象。例如，蜡烛点亮必须满足的三个原则：点火源、氧气、可燃物。其中任何一个原则被破坏，蜡烛就会熄灭。

原理原则是村田公司对员工在分析异常和故障时的基本要求，即遵循科学原理，找到问题发生的根本原因。如当设备发生故障时，在明确故障现象的同时，通过现象，按照设备的构造，原理—原则来分析故障发生的原因，最后进行精准维修和处理。

所谓原点，简单来讲就是事物原来的本质。原点管理就是通过管理使事物保持在原来的本质。在村田公司，原点管理特指设备维护管理方式之一。即把崭新的设备，处在最佳状态下的设备作为"原点"，用传感等设施进行监控，及时发现设备运行稼动中产生的磨损状态，并及时处理，保障设备的稳定运行，从而避免由于设备磨损老化造成产品质量等问题。

原点管理方式也是设备维护技术人员必须掌握的基本工作思路和方式。

3.1.5 PDCA循环

PDCA循环是由美国质量管理专家戴明博士在1950年提出的，是一个持续改进的工作模型，它包括持续改进与不断学习的四个循环步骤，即计划（plan），选题、现状调查、设定目标、分析原因、确定主因、制定对策；执行（do），按对策实施；检查（check/study），检查效果；处理（act），制定巩固措施、总结和下一步打算。作为职业人在工作中，必须熟悉和运用PDCA循环，以获得优良的绩效。

3.1.6 现场改善的基本方法

工作的定义是作业+改善。作业是指按照标准，规范或程序要求的按部就班的工作过程；改善是指打破现有规范，使作业更加有效（包括成本、质量、时间、数量等）的再标准化活动。现场改善的基本方法主要有以下三个方面的内容。

（1）生产过程中的七大浪费

即过度生产的浪费、在库的浪费、不良品的浪费、动作的浪费、加工本身的浪费、等待的浪费、搬运的浪费。这七大浪费是改善的着眼点和方向。

（2）改善七大浪费的基本手法

改善的四大手法是指"ECRS"。E指取消，C指合并，R指重排，S指简化。

也就是说通过取消、合并、重排、简化四大手法将现有的工作程序,标准进行改进,从而减少过度生产等的七大浪费。

(3)改善成果的巩固方法

通过ECRS法则对生产流程改善以后,就必须把改善后的流程再次标准化。再标准化对象不仅仅是工作流程(步骤),还有工作的对象物体,尤其是生产作业现场的产品及生产产品所需的各类物体。这种物体的再标准化的方式具体有以下三个方面,统称"三定",即定物,将改善后的必要物品明确化;定量,将必要的物品的使用量进行明确;定位,将必要物品(包括数量)放置到最佳位置,并对位置可视化。

3.2 职业素养全过程培育路径

为了使职业教育更贴近企业的需求,让学生就业后能够迅速理解和融入企业,无锡科技职业学院与村田公司在职业素养的培养上采取了提前教育、提前实践、提前渗透的做法。

3.2.1 设置职业素养(工作推进方法)教育课程

在大二年级对村田班学生开设三门课程,即团队合作、工作的基本(包括团队合作、5S与标准化、感知力与"报连相"、原点管理与原理原则、PDCA循环)、现场改善的基本。

3.2.2 针对设备管理的特点,开设《企业安全管理》课程

《企业安全管理》课程主要阐述以下几个方面的基础性知识。

①关于危险源和风险;

②工程现场的风险:"不安全行为"和"不安全状态";

③找出危险源的常用方式:危险预知训练(KYT, Kiken Yochi Training);

④消除,减轻和管控风险的基本方式;

⑤工程劳动保护用品常识;

⑥灾害发生时的应急训练。

3.2.3 在村田班设立"安全管理委员会"

设置"班级安全委员会"的目的是通过该委员会的活动,让学生进一步理解、体验和巩固职业素养课程、安全管理课程的内容,从而辅助性提高课堂教育的效果。"班级安全委员会"的活动安排如下。

（1）组织构架

班级安全委员会由班长担任总负责人，村田公司的职业素养课程讲师为总顾问（2人）；根据安全活动内容，委员会下设设备安全小组、运动安全小组、健康安全小组3个小组；每个小组设推进负责人1人（学生），顾问1人（企业导师）。

（2）组织建设

组织建设按照"团队合作课程"的团队建设要求推进。

①明确团队的目标：明确安全生产管理委员会的目标、目的。

②明确成员具体名单及成员培训要求。

技能：各自擅长的技能是什么（原理原则），例如，设备安全知识掌握能力，发现安全问题的能力。

职责：每个人的主要职责是什么。班长的职责是制定计划、按照计划定期召集会议，副班长的职责是安全知识采集，组长的职责是和组员教育说明，并把握掌握状况。

价值观：安全第一、以人为本、合作共赢、全体最适观。

干劲：干劲如何把握？如何调动干劲？有哪些奖励机制？

素养：沟通合作精神的养成、工作的基本方法的习得等。

活动策划：做哪些活动？活动计划是什么？PDCA循环和5S等思路。

③明确委员会运行的各类规则（标准化）：明确预算的多少、预算来源和活动要求遵守的规则。

④激励和冲突解决：预计会有哪些冲突，如何预防冲突，如何激励成员。

（3）活动推进

活动推进的主要特点是运用"职业素养课程"及"企业安全管理"所学，运用PDCA循环方法有计划、有目标的推进方式。

①识别不安全行为（不安全状态）。通过KYT危险预知训练、隐患发现、吃一惊等活动，提高学生对隐患感知能力。例如，戴着手套操作无安全罩的设备，手套被卷入，手及时抽出，未受到伤害。通过以上方式让每个小组明确人的不安全行为、物的不安全状态以及可能造成的伤害（表3–1），提高大家对隐患的感知力，对发现的隐患及时对应，防患于未然。

表3-1 不安全行为、状态、事故一览表

小组名称	不安全行为	不安全状态	事故伤害
设备安全小组	手伸入设备内	设备运转中	手指被夹伤
	拆掉设备安全罩，使安全机能失效，对设备进行维修，衣袖被转动中的设备卷入	设备未停机	手腕表皮破损
运动安全小组	踢球时脚被凹坑绊倒	足球场上有凹坑	尾椎骨着地，骨折
	打篮球时用力和对方球员相撞	—	胳膊撞伤
健康安全小组	通宵打游戏后参加体育比赛，低血糖晕倒	—	摔倒
	发烧后持续上学，坐在椅子上起身时晕倒	—	摔倒

②预防和改善。组织学生将识别出来的安全隐患进行改善，预防事故发生。通过对安全隐患成因分析，找出其本质，制定根本性对策：消除隐患、工序替代、工程控制、管理控制以及劳动防护。组建应急救援指挥领导小组，设立负责通讯的紧急联络班、负责疏导的逃生引导班、负责灭火的灭火班、负责救护的应急救援班。通过应急演练，模拟紧急情况发生时的应急准备，做出响应所需的步骤和程序，以确保事故伤害降低到最低。佩戴劳动防护用品，确保安全的最后一道防线。如一般车床作业，佩戴护目镜（防止铁屑飞溅）；电气设备作业，绝缘手套、绝缘鞋；有机溶剂作业，护目镜、防毒面具、耐有机溶剂手套；粉尘环境作业，防尘口罩；噪声（80分贝以上），耳塞；高温作业（50℃以上），耐热手套；酸碱的使用，护目镜、耐酸碱手套；重物作业，安全鞋、安全帽。

运用PDCA方法来策划安全活动全过程。例如，识别完危险源需要按照一定基准对此进行评价，根据评价结果，考虑其管控措施，这也是一个组织策划的过程（图3-1）。

运用"工作的基本"开展活动。除了PDCA方法以外，在设备安全小组、运动安全小组、健康安全小组的各自活动中，有意识、有计划地大量运用了"5S""标准化""原理原则""报告联络商量"等方法。例如，对学校教育设

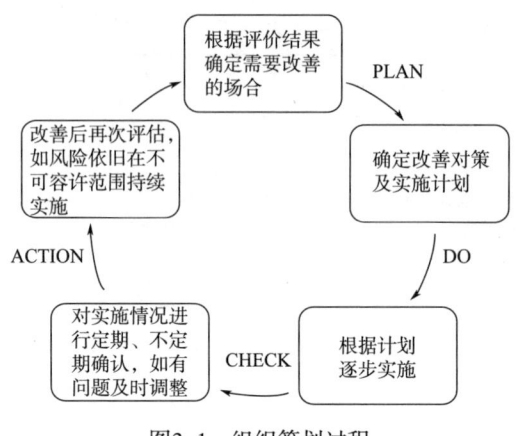

图3-1 组织策划过程

备场地的5S管理，篮球运动中提出安全运动规范，用科学的"原理原则"分析饮食健康习惯，设置安全隐患随时报告机制和联络平台等。

3.3 村田班职业素养培育

3.3.1 团队建设

（1）团队的含义

团队是由两个或两个以上的人组成的一个共同体，该共同体有共同理想目标，愿意共同承担责任、共享荣辱，在团队发展过程中，经过长期的学习、磨合、调整和创新，形成主动、高效、合作且有创意的团体，充分发挥每一个成员的知识和技能，协同工作、齐心协力解决问题，以此达到共同的目标（图3-2）。

图3-2 团队就是力量

（2）团队构成的五要素

团队有五要素，即规则、成员、目标、计划、冲突（图3-3）。

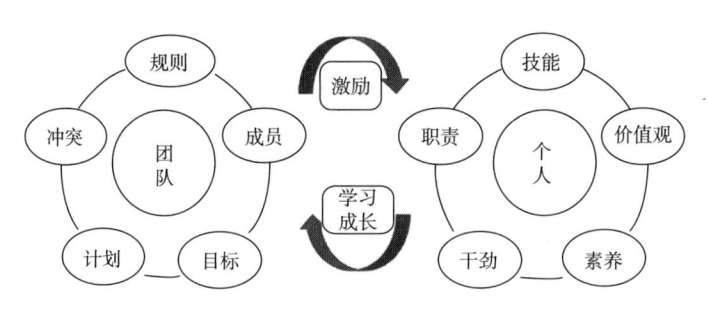

图3-3　团队与个人要素

①目标。团队有了目标才有存在的价值，目标既是对活动预期结果的主观设想，又是活动方向，还是活动预期目的，具有维系团队各方面关系、明确团队方向核心的作用。在制定目标的过程中，首先，所定的目标必须明确，具有可考核性，不能模棱两可、含含糊糊，如果目标不具有可考核性，也就失去了目标的作用。其次，目标要具有可接受性，如果一个目标对其接受者能够产生激发作用，这个目标必须是可接受的、可以完成的，如果目标超过其能力所及的范围，则该目标对其没有激励作用。最后，所定目标要具有挑战性，如果一项工作完成所达的目标对接受者没有意义，接受者也就没有动力去完成该项工作；如果一项工作很容易完成，那么接受者也没有动力去完成该项工作，因此，目标的设置应当具有一定的挑战性，需要付出努力才可以达到。

②成员。成员是构成团队的核心力量。目标是通过团队成员具体实现的，所以团队成员的选择是团队中非常重要的部分。在一个团队中可能需要有人出主意，有人制定计划，有人实施，有人协调。不同的人一起工作，还有人去监督团队工作的进展，评价团队最终的贡献。不同的人通过分工来共同完成团队的目标，在团队成员选择方面，要考虑团队成员的能力如何、技能是否互补、人员的经验如何。

③规则。为了解决冲突，使活动顺利推进，规则非常有必要。团队要致力于建立成员共同认可的价值体系和制度体系，在制度基础上建立一个规范化管理的团队，以制度和文化凝聚人心，培养团队成员的合作意识。

④冲突。对于团队与组织而言，冲突都是与生俱来、无法避免的。因此，应该接纳冲突，发挥其对团队和组织的有益之处。

⑤计划。计划是计算分析如何达成目标、并将目标分解成子目标的过程及结论,是PDCA循环中重要的一环,只有在计划的实施中团队才会一步一步贴近目标,从而最终实现目标。

(3) 个人构成的五要素

个人也有五个要素直接影响团队是否能够完成目标,即每个人的技能、价值观、素养、干劲和职责意识(图3-3)。

①技能。技能是每个成员在团队中立足的基本,技能可以是原本既有的,也可以是在团队活动中新掌握的,团队的每个成员都各有所长,团队中安排任务时应该充分考虑每个成员的擅长点。

②价值观。价值观是指个人对客观事物(包括人、物、事)及对自己行为结果的意义、作用、效果和重要性的总体评价,是对什么是好的、是应该的总看法,是推动并指引一个人采取决定和行动的原则、标准,是个性心理结构的核心因素之一。作为团队中的一员,要始终坚持安全第一为基本原则的价值观,任何事情都不能与其相违背;要始终坚持以人为本的价值观,坚持尊重人、关心人、爱护人、培养人、教育人的科学观念;同时作为团队中的一员,要树立全体最适、合作共赢的价值观念,在做出决策时,不能仅仅侧重于本组织或系统的一部分,而必须站在整个组织的视角优化组织或整个系统,而不是部分优化,充分发挥合作共赢,坚信"一根筷子折得断、十根筷子折不断""团结就是力量"的真理。

③素养。丰富的学识是知书识礼的基础,一个人的知识很重要,学会做人更重要。做人应该正直、公平、诚实、守信、实事求是、不失约、不食言、不泄密,坚持既定的政策和原则;做事要有开放的头脑、勇于创新、不拘泥现状、有团队精神、坚持原则、爱岗敬业、主动承担责任、追求效率和效益、追求完美。这样才能培养出知行合一、富有学识的优质成员。

④干劲。要想长久有动力做事,就要有干劲,要学会适当放松,学会自我激励,并不断提高个人的能力,用团队的奖励制度来激励自己。

⑤职责。作为团队中的一员,责任心很重要,态度决定一切,每个成员要明确个人任务、担当的内容、承担的责任,用实际行动来履行自己的职责。

(4) 安全委员会的团队构成

因为企业特别重视安全,所以专门成立了负责安全管理的专项委员会,安全委员会秉持安全第一、以人为本、合作共赢、全体最适的价值观,绝不能采取违背道德,不顾安危的行动。团队成员应掌握必要的技能、明确个人的职责、使出干劲、提高个人素养、不断精进个人技艺。在技能方面，需要团队成员在某一方面掌握各自擅长的技能，从而使团队内部实现多样化，提高工作效率，且每个成员必须具备设备安全使用和发现安全隐患的能力。在职责分配方面，每个成员都要各尽其职，如班长需要详细制订计划，按照计划定期召集会议，副班长进行安全知识的采集，组长则需要和组员教育说明，并掌握实际状况。这些都是为了实施共同的计划，即团队中的成员该做什么，怎样做。安全委员会还要探讨PDCA+5S思路，需要每个成员的共同努力。一个好的团队离不开好的规则，在团队建设中，每个成员必须遵守规则。必须了解预算的多少，预算的来源，活动的要求和需要遵守的章程。只有明确每个成员要遵守的规章制度，才能做到心中有尺，做事有度。

在团队里难免会有冲突，如意见不合、想法不同等，这些都会让一个团队四分五裂。团队成员在遇到这样的事情时，应该求同存异，共同探讨，而不是一味地坚持自己的观点，只有这样，团队才会一致向前，团队成员的干劲才不会减少，才能快速提高团队成员的工作基本素养，加快团队成员间的合作意识、自律意识，才能打造一个完美的团队。

3.3.2　工作的基本

（1）总括

为了给客户提供满意的产品和服务，满足客户质量（Q）、成本（C）、交货期（D）三个基本要求，企业在生产活动中对每一位员工提出了工作基本要求。在这些要求中，最基本的就是追求凡事彻底的工匠精神（图3-4），彻底做好工作中的每一件事情，彻底遵守每一项标准。

对于设备维修人员来说，在设备管理和维修中要彻底做好5S，遵守相关的标准作业；要善于发现设备存在的问题并做好"报连相"；为了让设备始终保持良好状态，生产品质优良的产品，必须彻底做好设备的原点管理；设备发生故障时，要从原理和原则进行彻底追究；彻底遵守安全规则，做好设备的安全管理，遵守设定目标、PDCA循环的目标管理等。

（2）5S管理

5S管理不仅是在生产活动中，而且在每个人的工作、生活和学习中都需要彻底实施。

整理：是安全的基础和前提，区分必要和不必要的东西，不必要的东西要及时处理。目的：腾出空间，避免磕碰，防止误用；要点：把不必要的东西处

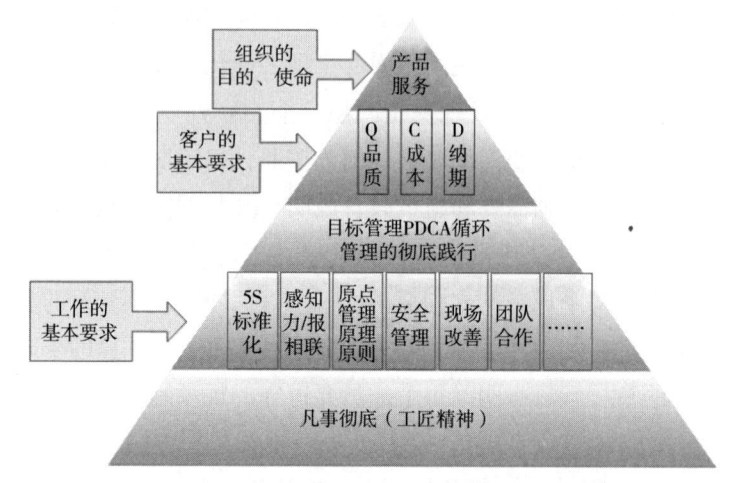

图3-4 凡事彻底的工匠精神

理掉。

整顿：是安全的基本要求，把需要的现场物品按规定定位、定量摆放整齐，并明确标识，保持通道顺畅。目的：让工作地点井井有条，一目了然，消除寻找物品的时间；要点：品质保证的根本。

清扫：清除脏污，防止污染的发生。目的：保持职场干净；要点：安全的保障。

清洁：是安全生产的保证，彻底做好整理、整顿以及清扫工作，且实现标准化与制度化，保持干净的、令人心情舒畅的环境。目的：通过制度化、规范化来维持清扫成果；要点：清洁是安全的第一步。

素养：养成严格遵守工作场所的规定和正确的作业的习惯，确保员工养成良好的凡事彻底精神，彻底地做好工作中的每一件事情，彻底遵守每一条标准。目的：提高"人的品质"，使员工成为对任何工作都持认真态度的人。要点：人际关系的根本。

①5S管理中的整理、整顿、清扫在现场现物安全活动中发挥的作用。5S管理以整理、整顿、清扫3S活动为基本，它与安全是息息相关的。

工作现场改善前的问题主要有：安全隐患，物件放置混乱，容易发生安全事故；品质问题，待废弃品和良品放在一起容易引起混用；影响客户满意度，客户参观时看到5S不良的现场，担心品质和产能问题；浪费场地，混乱的现场、待废弃物品占据现场空间；影响员工满意度，置身于脏乱现场的员工心情压抑、满意度低。

改善后的效果：安全有保证，消除不安全状态，减少安全隐患，奠定现场标准化管理的基础；品质有保证，良品和不良品归类分开放置，避免混入发生品质问题；节省投资，节省空间；提高客户满意度，给客户留下良好的印象，评价良好，提升企业形象；提高员工满意度，干净明亮的环境，员工满意度高。如图3-5所示。

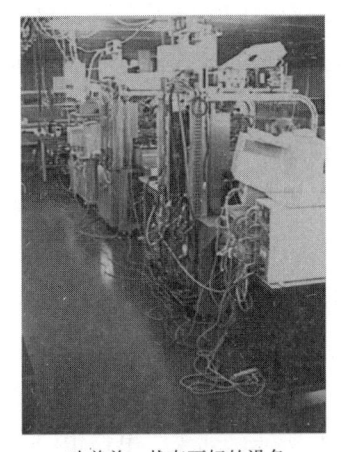

改善前：状态不好的设备　　　改善后：状态良好的设备

图3-5　5S管理改善前后比对

工具放置改善前的问题主要有：安全隐患，在翻找工具时，会被工具扎伤手，引起劳动灾害；浪费时间，工具混乱放在一起，没有固定位置，找工具时要花费时间；易丢失工具，工具等混放，容易丢失找不到。

工具放置改善后的效果：安全有保证，方便拿到需要的工具；提高效率，工具一目了然，能够快速找到需要的工具；方便管理，很容易发现工具是否丢失，管理简单，提高了效率（图3-6）。

②5S管理中的整理、整顿、清扫在安全活动中发挥的作用。整理是安全生产生活的前提。在工作现场和生活空间，必须坚决清理不必要的物品，留出宽敞的空间和通道。

图3-6　5S管理改善后的工具状态

如果将非必需品放置在现场,不仅占用空间和通道,而且妨碍生产作业和人员通行,容易被绊倒,发生劳动灾害和安全事故;如果设备周围堆放很多杂物,设备运行时可能卷入杂物,引起设备故障或产品质量问题;设备故障时,在狭窄的空间进行修理作业,会给维修工作带来安全隐患。

整顿是安全生产生活的要求。将必需品放于任何人都能取到的位置,使寻找时间为零,提高效率。整顿时,首先要考虑通道的畅通及合理;尽可能将物品集中放置,减少放置的区域;安全装置及消防设施的放置位置不仅要醒目,而且要易取,在应急处理中能容易取得。

清扫是安全生产生活的保证。使工作现场干净整洁,为现场人员和设备提供一个良好的环境,是保持设备完好的前提。恶劣的环境会对设备或其他设施造成安全隐患,如电缆沟内积水积灰,长期发展可能导致电气短路。同样,清扫也是提高从业人员满意度的要求。环境好,员工心态就好,工作时头脑也会清醒,安全就更有保证。

不安全现场存在很多安全隐患(图3-7)。例如,消防设备随意放置容易损坏,急需使用时导致找不到或不能使用;电缆乱拉乱接、电器柜门开着并在门口堆满杂物,容易引起电气火灾;工人在脏乱差的环境中作业,心态容易受到消极影响,思维容易混乱,存在引发劳动灾害的安全隐患。

③5S管理中的清洁与标准化(制度范畴)在安全活动中发挥的作用。清洁是安全长治久安的保证,是将整理、整顿、清扫进行到底,并且标准化、制度化,是巩固整理、整顿、清扫的必要手段。制订完善安全管理制度、落实安全责任,是安全生产的根本保证。清洁同时能够促进5S标准化的实施。与生产相关的标准化对安全生产有着不可或缺的重要作用,只有真正达到标准化的要求,才能实现安全生产;在生活的各方面也有很多标准化,如交通、运动、家用电器安全等的标准化。只有做好了标准化,才能做到生产安全、运动安全、交通安全、质量安全等。实施标准化时,需要从原理原则来制定标准化,才能确保标准的有效。

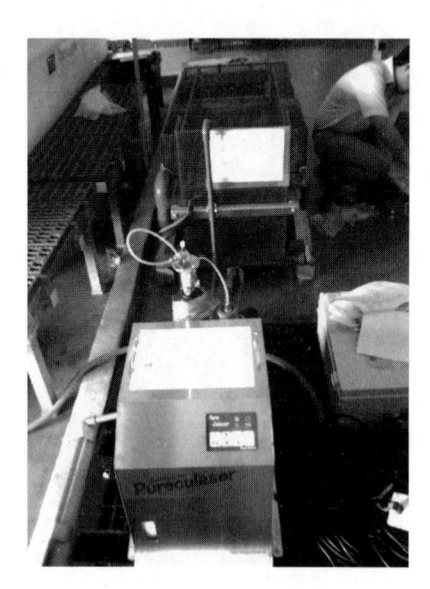

图3-7 不安全现场

例如，篮球运动时的安全。篮球运动是一项激烈的对抗性竞技体育运动，具有一定的安全风险，运动中的冲撞和事前热身不足等都有可能导致受伤。但是，不能因为有风险就不进行运动，在比赛规则下和标准场地中进行，可以降低运动中发生风险的概率。这个比赛规则和场地要求就是篮球运动的标准化，主要是为了比赛公平和运动安全；为了运动安全，对场地进行了规定，如长方形平地、有明显的界线、界线外至少2米内没有障碍物、界线与观众之间至少有2米的距离。

设定该标准的理由是，根据篮球安全运动的原理原则进行科学设定，并在实践中不断进行改善。为了不被凹凸不平的场地、积水或异物绊倒、滑倒，场地标准中强调了平地；为了队员不被障碍物撞到受伤，规定了场地的尺寸和界线，界线外2米内没有障碍物；同样，为了持久地安全运动，在平时按照既有的标准对场地彻底地实施整理、整顿、清扫等活动，始终保持场地的良好状态（即场地的原点管理）。

关于生产设备的安全。为了确保生产设备在长期使用中的运行安全，减少设备故障和保证设备的加工精度，需要对设备实施清洁，并对整理、整顿、清扫的内容进行标准化。

例如，为了保证精密车床的安全作业，需要通过定期点检，保证安全门开关常时保持有效状态；润滑系统的点检，可以避免润滑油泄漏导致润滑失效，润滑失效会引起机床旋转轴损坏，导致加工精度不良；润滑油泄漏，则会沾到电缆上，引起绝缘劣化，引发漏电或者短路事故。

④5S管理中的素养与凡事彻底（人员的精神和意识范畴）在安全中发挥的作用。素养是养成良好的凡事彻底的习惯，即养成具有高效率和安全意识的习惯，做任何事情都遵守规则。素养是5S管理中的最高形式，具有良好的素养，良好的习惯也就产生了，将安全意识提高到一个很高水平，不安全行为也就得到了有效控制。作为设备的维修管理人员或操作人员，在工作中要精心呵护设备，养成时刻彻底做好设备的保养和5S等作业，保证设备安全装置的完备，体现个人的良好素养。

作为设备维修管理人员，首先是热爱岗位，像对待自己喜爱的东西一样呵护设备，在工作中认真做好每一个细节，保证设备保持干净整洁的状态，保证安全装置的完好。这样，操作者操作安全状态良好的设备，就能安心地使用设备，就会高效顺利地生产出品质良好的产品，同时在使用中也会精心呵护设备。

状态良好的设备表现为物品整齐、安全装置完好、地面整洁、设备电缆整齐，设备运行安全并能够保护人员的安全（图3-8）。

图3-8 状态良好的设备

状态不良的设备表现为物品混乱、缺少安全装置、地面脏乱、设备电缆乱拉等，容易发生设备故障及劳动灾害等安全事故（图3-9）。

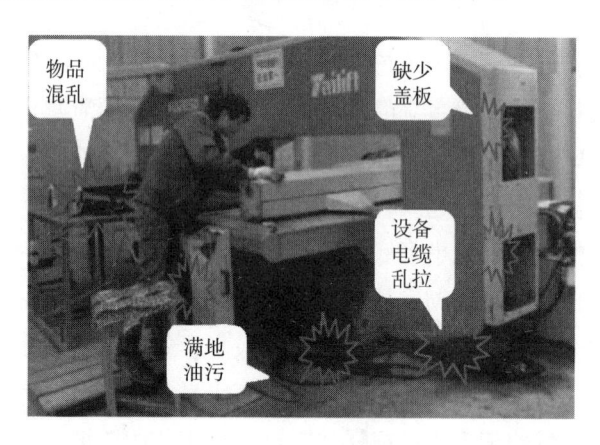

图3-9 状态不良的设备

5S管理以素养活动为基础，通过全员参与维持、清洁活动、改善活动才能成功。"凡事彻底"这四个字最早出自《扫除道》（图3-10）的作者——日本的键山秀三郎。对待简单、单纯或单调的事情从不马虎，把工作和人生中的平凡小事彻底做好，他就是从扫除做起。

坚持彻底做好每一件平凡的小事、彻底处理好细节，从平凡中孕育出非凡，会产生令人感动的巨大能量。因为他的公司扫除彻底，感动了客户，获得了大金额的订单。同事之间主动打招呼、行走时走斑马线、在通道边接听点接打电话、全员参加5S工程现场维持良好的状态，虽然都是小事，但是体现了个人凡事彻底的精神和良好的素养。

强化5S管理，从细节体现凡事彻底的素养。在5S活动中通过前面的4S活动即整理、整顿、清扫、清洁，形成制度，塑造守纪律的工作场所，养成良好的习惯，严格遵守规则做事，积极主动，成为对一个任何事情都能凡事彻底、坚持认真态度的人。

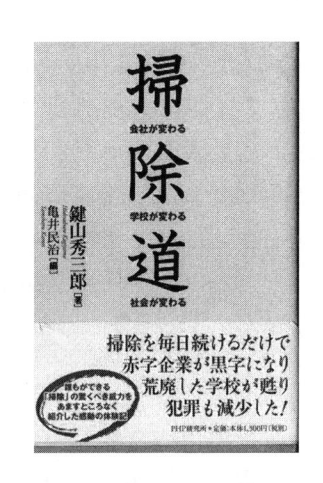

图3-10 《扫除道》

（3）感知力（全员传感器）

怎样才能具备正确、敏感的感知力并及时作出判断？首先，对于个人来讲，要不断学习充实相关的知识技能，进而成为某方面的专家，才能用科学的眼光去分析和判断，发现问题并解决问题。例如，在安全方面，要掌握相关的设备知识、作业知识、制造工艺知识等。其次，需要进行标准化，让相关人员可以根据标准实施作业，或者根据标准判断是否异常，如生产作业标准、产品不良的标准、设备维修作业标准、安全防护用品标准等。例如，设备维修人员对产品品质不良发生、设备稼动率低下或设备运行速度慢效率低、设备存在潜在故障、产品不良率高、设备安全问题、保全作业安全问题等，利用专业知识去感知、发现问题，并实施改善（图3-11）。

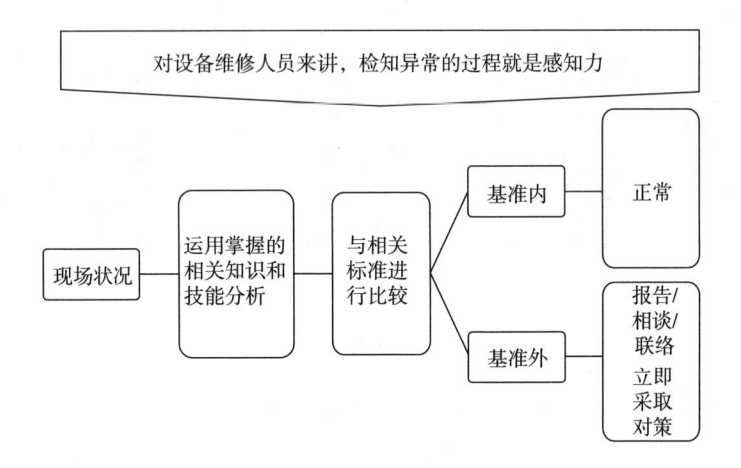

图3-11 团队感知力

（4）"报连相"

为了使工作顺利进行，使情报及时准确传递，在通过感知力发现问题和异常后，需要及时向上级和相关人员进行报告联络商量（相谈），可以及时作出对策（包括紧急的临时对策和防止再发的恒久对策），可以防止问题和异常的发生或扩大化。因此，工作成绩与"报连相"密切相关。

"报连相"在日语中的读音是「ほうれんそう」，即"报告、联络、商量（相谈）"的意思，是为了顺利完成目标而需要进行的一系列必要的人际活动。在日语中和菠菜（法莲草）的读音相同，所以也叫菠菜法则。

情报传递方式有两种：即垂直，报告/指示；横向，联络，相谈。

需要"报连相"的场合如下。

①工作或课题的进度结果及时报告给上级；对于上级指示的工作，及时反馈给上级；发现的问题也要及时报告；

②解决不了的问题，需要获得上级、他人、其他部门的支持或配合；

③异常情况发生时，会议也是相谈的一种形式。"报连相"是员工应该具备的基本素质，彻底做好报告联络商量（相谈），从问候开始，体现个人的基本素养。例如，早上好！谢谢！对不起！

设备修理人员交接班的过程也是一个联络的过程。如果在这个交接联络的过程中没有进行妥善交接，很容易发生安全、品质问题，严重时甚至会产生重大事故，给公司造成严重不良影响。交接班时，如果设备维修人员对维修现场的状态交接不彻底，很容易导致劳动灾害发生（图3-12）。

图3-12 交接不彻底的后果

交接联络时，要根据5W2H进行详细说明（表3-2）。

表3-2 5W2H的具体内容

5W	What	对象	冲压设备A-9#
	Why	目的	修理冲压产品有毛刺的品质不良
	When	时间	2020/12/8 9:10am开始修理
	Where	场所	A栋1楼冲压工程
	Who	人员	早班维修人员小张,作业者小李 中班维修人员小王,作业者小刘
2H	How	方法	小张确认并调整了冲压模具。为了修理方便,在修理时将安全传感器屏蔽了,处于无效中
	How many/much	数量	冲压出来的产品的底部边缘有0.3mm的毛刺,修理前发现了300PCS,修理中发生了28PCS,制造在处理中

（5）原理原则与原点管理

原理通常指某一领域、部门或科学中具有普遍意义的基本规律。科学的原理以大量的实践为基础，故其正确性能被实验所检验与确定，从科学的原理出发，可以推衍出各种具体的定理、命题等，从而对进一步实践起到指导作用。

当设备发生故障时，要明确故障现象，然后通过5W2H流程进行交接处理。通过了解设备构造，用原理—原则分析故障发生的原因，最后进行精准维修和处理（图3-13）。

图3-13 原理—原则维修

原点管理可以保障设备的稳定运行，从而保证产品的优良品质、设备稼动率等一系列连锁反应的稳定发生。

（6）目标管理的运用及实施步骤（PDCA，行动实施范畴）

目标管理是由企业最高层领导制定一定时期内整个企业期望达到的总目标，然后由各部门和全体职工根据总目标的要求，制定各自的分目标，并积极主动地设法实现这些目标的管理方法（图3-14）。

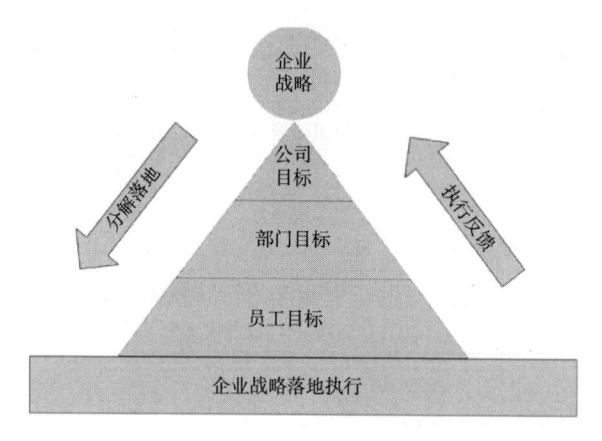

图3-14　目标管理结构

人们在人生的各个阶段会自觉或不自觉地去设定一个目标。例如，小时候通过当个听话的孩子，让父母奖励一个玩具；还有考上大学、研究生，要成家、立业等；凡事预则立，不预则废。设定了目标，就明确了努力的方向。

同样，每个企业都会制定企业战略，从公司层面到员工个人都会设定目标。设定了目标后，为了达成目标，在实施过程中必须进行目标管理。那么如何进行有效的目标管理便成为首要问题（图3-15）。

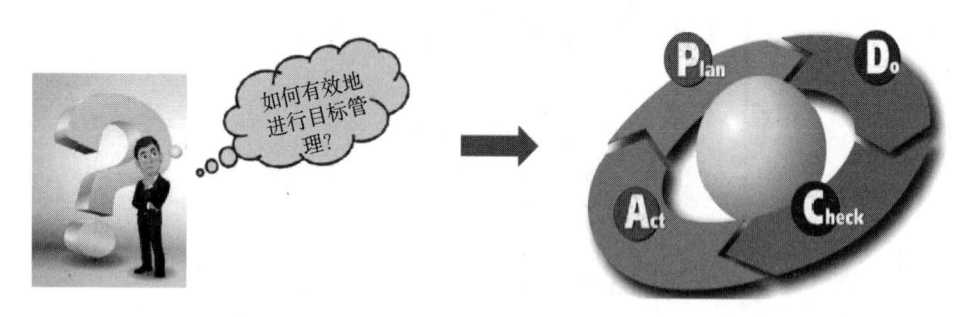

图3-15　有效地进行目标管理

实施过程中有计划、实施、确认、行动四个步骤，即PDCA管理循环（图3-16）。首先，实行课题的选定、现状把握和目标限定、因要解析和对策检讨、改善计划的作成；其次，改善对策的实施，做出实施效果的确认评价；最

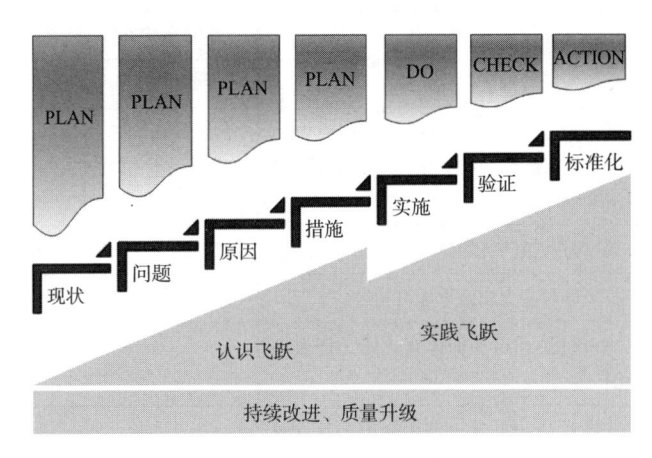

后，标准化、定常管理和反省遗留问题转入下期的行动。

图3-16　PDCA管理循环

3.3.3　职业安全

（1）危险源

一般在解决问题时，都要找到问题发生的根本原因，只有这样做决策时才更有效。安全管理工作同样是如此，要从安全的根本面出发，找到可能引发危险的源头。危险源是指可能导致伤害或损害健康的根源，而风险是危险事件发生或暴露的可能性与由该事件暴露导致的伤害或疾病的严重程度的组合。风险与危险源之间既有联系，又有本质区别。首先，危险源是风险的载体，风险是危险源的属性，即讨论风险必然是涉及哪类或哪个危险源的风险，没有危险源，风险则无从谈起。其次，任何危险源都会伴随着风险。只是危险源不同，其伴随的风险大小往往不同（图3-17、表3-3）。

图3-17　危险源与风险

表3-3　安全事故

小组名称	P	不安全状态	事故伤害
设备安全小组	手伸入设备内	设备运转中	手指被夹伤
	拆掉设备安全罩，使安全机能失效，对设备进行维修，衣袖在转动中被卷入设备	设备未停机	手腕表皮破损
运动安全小组	踢球时脚被凹坑绊倒	足球场上有凹坑	尾椎骨着地，骨折
	打篮球时用力和对方球员相撞	—	胳膊撞伤
健康安全小组	通宵打游戏后参加体育比赛，低血糖晕倒	—	摔倒
	发烧后持续上学，坐车椅子上起身时晕倒	—	摔倒

（2）如何找出危险源

危险预知训练（KYT），是针对生产特点和作业全过程，以危险因素为对象，以作业班组为团队开展的一项安全教育和训练活动，它是一种群众性的"自主管理"活动，目的是控制作业过程中的危险，预测和预防可能出现的事故。其实施方式是：以图片或者动画的方式展示，大家共同讨论其中潜在的风险，商量事故预防对策，简而言之，是一种训练大家认知危险的方式（图3-18）。

图3-18　共同讨论

活动开始时应注意：同样的事，不同的人会有不同的看法。KYT需要依靠集体的力量，指定一个领导，组织大家互相启发才能达到共同提高。

开展KYT活动要调动员工的积极性，让员工和有关参与者真心接受、理解，才能主动参与。实施时，鼓励每个人要讲真话、多发言，不能有"自己说错了怕别人指责"的想法。同一作业，识别结果不求一致，重点在1R。可以从最简单的地方做起。

各小组按以表3-4实施KYT。

表3-4　KYT实施报告书

实施班级：

实施日	年　月　日	检讨课题		场所	
组长		成员		记录者	

1.第一步（1R）现状把握：预知潜在危险（结合不安全行为和不安全状态）

序号	○	人的不安全行为	物的不安全状态	可能造成的伤害
1				
2				
3				
4				
5				

2.第二步（2R）本质追求：在第一步的基础上，检讨最重要的一项，并在该项上打"○"
3.第三步（3R）对策立案：省略
4.第四步（4R）行动目标：__时候__让我们这样做吧（不要记录）
针对最重要的一项进行全员指导场合，并记录

　　　　　　　　　　　　　　　　　　　　　　　　　　,OK

注：昨天发生"吓一跳，冒冷汗"事件了吗？如发生，请及时告知周边的同事

KYT实施方式：

KYT基础训练。目标：把握KY基本方法，培养危险识出能力；方式：危险点照片的情景分析。

KYT定期训练。目标：根据KY基本方法，挖掘作业场所危险；方式：自己作业场所的分析。

作业前KY。目标：根据KY基本方法，作业分析/确认；方式：设备保全/危险作业前的分析；重点：实施以KY为基点、以班长为核心，大家一起做"全员共同参加"的安全自主管理活动。

安全巡视/作业观察、危险预知活动、班前安全会、事件/事故信息的管理手指口述活动、安全管理阵地。

员工危险感知度不是一次就能做好的，必须坚持反复的训练，坚持PDCA进行固化、改善和提高。

企业与员工如同母子关系，管理者应当像母亲关爱自己的孩子一样关爱员工，要有强烈的责任感保证员工安全，绝不能放任员工的安全错误。发生事故或问题要追究其本质，消除其根本。安全工作不能简单抓或一般抓，要坚持三原则并进行QCD改善。

"吓一跳，冒冷汗"（一般安全知识点）即差一点就会发生的，无人员受伤的安全事故，俗称吓了一跳（图3-19）。

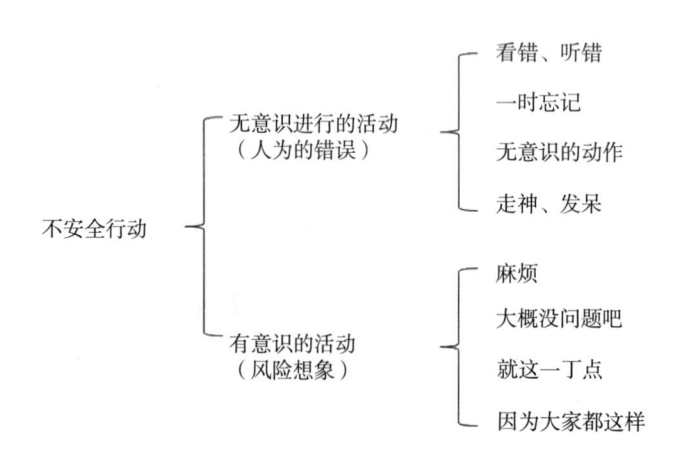

```
                          ┌─ 看错、听错
              ┌ 无意识进行的活动 ─┤─ 一时忘记
              │  （人为的错误）  ├─ 无意识的动作
              │               └─ 走神、发呆
不安全行动 ────┤
              │               ┌─ 麻烦
              │  有意识的活动  ├─ 大概没问题吧
              └ （风险想象）  ─┤─ 就这一丁点
                              └─ 因为大家都这样
```

图3-19 "吓一跳，冒冷汗"事件

各小组按表3-5实施"吓一跳，冒冷汗"。

表3-5 "吓一跳，冒冷汗"事件

部门编号：_____ 姓名：_____

"吓一跳，冒冷汗"事件：差一点会发生事故的体验（包括自身体验和他人体验）和假设

事例描述	事项：（事件/地点/人物/内容）		
简图		原因调查（含环境因素，危险源辨识及风险评价的评审情况）	
纠正和预防措施		计划时	实施后
	时间		
	措施		
	担当者		
	效果评价		
	EHS事务局意见		
审核意见：			承认

（3）如何降低风险

①组织策划。识别完危险源需要按照一定基准进行评价，根据评价结果，考虑其管控措施。这也是一个组织策划的过程（图3-20）。

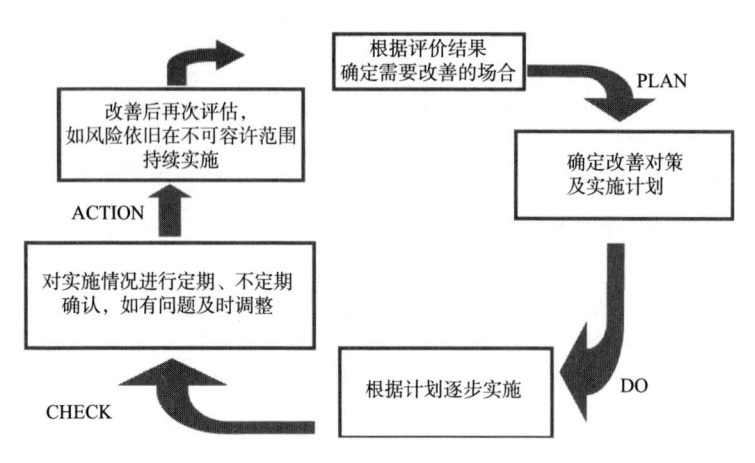

图3-20　组织策划过程

②检讨风险降低改善措施的思路及优先顺序。消除、替代、工程控制、管理控制、劳动防护用品。其中，消除、替代、工程控制为根本性对策。

③应急演练。应急演练是管理控制的措施之一，模拟潜在紧急情况发生时的应急准备，并做出响应所需的过程，以确保事故伤害降到最低，例如，化学品泄漏演习、灭火训练、逃生演习。以班级为单位，参考以上一般安全知识点，组建一支自卫消防队，自卫消防队由应急救援指挥领导小组（总指挥）带领紧急联络班（通讯职责）、逃生引导班（疏导职责）、灭火班（灭火职责）、应急救援班（救护职责）及时做出反应，降低事故伤害。

④劳动防护用品。劳动防护用品是为了保护工人在生产过程中的安全和健康而发给劳动者个人使用的防护用品，是确保安全的最后一道防线。一般用于防护有灼伤、烫伤或者容易发生机械外伤等危险的操作，在强烈辐射热或者低温条件下的操作，散放毒性、刺激性、感染性物质或者大量粉尘的操作以及经常使衣服腐蚀、潮湿或者特别脏的操作等。根据具体操作过程中的不同需要，应供给工人的防护用品主要有工作服、工作帽、围裙、口罩、手套护腿、防毒面具、防护眼镜、防护药膏、防寒用品、防晒防雨用品等。防护用品的保管和发放由工厂规定。大致可分为以下几类：

一般车床作业：护目镜（防止铁屑飞溅）。
电气设备作业：绝缘手套、绝缘鞋。
有机溶剂作业：护目镜、防毒面具、耐有机溶剂手套。
粉尘环境作业：防尘口罩。

噪声（80分贝以上）：耳塞。

高温作业（50℃以上）：耐热手套。

酸碱的使用：护目镜、耐酸碱手套。

重物作业：安全鞋、安全帽。

3.4 本章小结

本章基于高职学生职业素养要求，探索职业人才培养路径。对于设备维修人员来说，在设备管理和维修中要彻底做好5S，遵守相关的标准作业；要善于发现设备的安全问题并做好"报连相"；为了让设备始终保持良好状态、生产品质优良的产品，必须彻底做好设备的原点管理；设备发生故障时，要从原理和原则进行彻底追究；彻底遵守安全规则，做好设备的安全管理，遵守设定目标、PDCA循环的目标管理等。

第4章 职业技能培养：
以机电一体化技术专业为例

4.1 机电一体化技术专业岗位需求分析

4.1.1 产业的区域环境

长江三角洲地区是我国经济发展最活跃、开放程度最高、创新能力最强的区域之一，在国家现代化建设大局和全方位开放格局中具有举足轻重的战略地位。2019年12月，中共中央、国务院印发的《长江三角洲区域一体化发展规划纲要》提出，要重点聚焦智能制造、新能源汽车等十大重点领域，全面推动区域发展建设。无锡作为长三角区域中心城市，坚持产业强市主导战略。紧扣智能化、绿色化、服务化、高端化方向，重点推动先进制造业等产业集群发展，加快构建现代产业体系，努力打造国内一流、具有国际影响力的现代产业新高地（图4-1）。无锡高新区（新吴区）围绕长三角一体化产业分工体系，开展产业链协作配套共

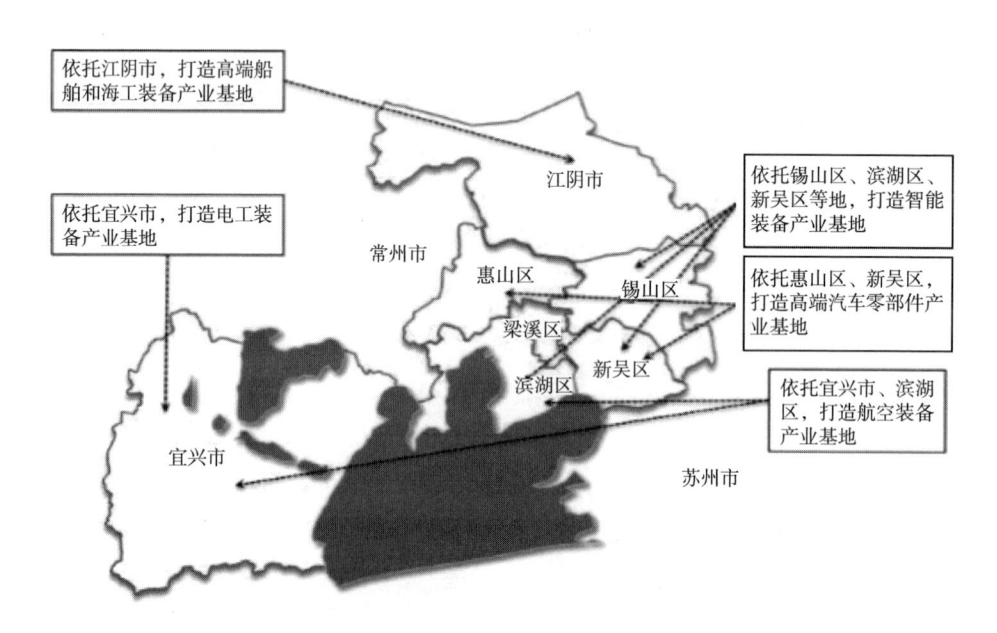

图4-1 产业区域环境

建活动,不断提升产业集群能级,加快建设长三角先进制造核心区,重点建设智能装备、汽车及零部件(含新能源汽车)等具有国际影响力、国内领先和高成长性的先进制造业集群。

4.1.2 岗位需求调研

无锡科技职业学院智能制造学院以机电一体化技术专业为核心,以汽车制造与试验技术、智能控制技术、工业机器人技术专业为骨干,以模具设计与制造专业、数控技术专业为基础,构建机电一体化技术专业群。机电一体化技术专业群紧紧抓住国家智能装备和汽车零部件产业集群转型升级重大战略机遇与长三角一体化发展国家战略机遇,依托无锡市与无锡高新区智能装备、汽车及零部件产业集群的区域发展优势,追踪产业转型升级新技术,以服务无锡现代产业高地建设目标,找准专业链、人才链与区域发展的契合点,坚持科技引领,深化内涵建设,加快专业"提档升级"、课程"提标升格"、教学"提质增效",满足智能装备和汽车零部件两大先进制造业集群发展对技术技能人才的需求,实现与产业升级同频共振,为"强富美高"新无锡建设贡献力量。

为了更好地适应区域经济社会发展的需要,提高人才培养质量,深化专业内涵建设,课题组进行了调研活动,深入了解社会、行业以及企业对机电一体化技术专业人才知识、能力、素质要求的变化趋势,及时掌握市场需求信息,调整专业课程设置、专业培养目标,培养高素质复合型机电一体化技术技能人才。

调研对象:无锡科技职业学院机电一体化技术等专业往届毕业生,无锡高新区外资企业高级管理人员、人事管理部门、生产技术人员。

调研方式:问卷星在线调研,电话访谈,走访企业,并与相关企业管理和人事经理、技术人员座谈,毕业生跟踪调查。

通过对学校近十年机电一体化技术专业的高职毕业生所在的工作单位及部门、从事岗位等情况进行摸底调研,形成高职机电一体化技术专业的毕业生的就业岗位(群)(表4-1)。其中,智能设备安装与调试、智能设备维护与保养是学校机电一体化技术专业面向的核心岗位。

表4-1 机电一体化技术专业毕业生就业职业岗位群

类别	序号	职业或工作领域	初始及发展岗位
核心职业岗位	1	智能设备安装与调试	设备装配员、装配技师
	2	智能设备维护与保养	设备维修技术员、设备维修技师、设备维修主管

续表

类别	序号	职业或工作领域	初始及发展岗位
相近职业岗位	3	自动生产线运维	设备运维技术员、线长
	4	工业机器人应用	工业机器人运维技术员、工业机器人集成技术员
	5	智能装备生产管理	设备管理技术员、设备管理主管
	6	智能装备技改	设计技术员、助理工程师、工程师
	7	智能装备销售和技术支持	智能设备销售员、销售经理

在调研学校紧密型合作企业和机电一体化技术专业毕业生重点就业单位无锡高新区某外资企业C公司时，与公司人事课沟通交流获悉，2006~2020年，学校共有超过400名毕业生正在或曾在C公司就业，目前企业在岗毕业生人数是250名；从回收的毕业生反馈答卷122份中取得的数据表明，机电一体化技术专业毕业生占比41.8%（图4-2），为51人；从事机电设备维修技术员（即保全修理类）占比72.13%（图4-3），为88人。后期经过与答卷人、公司人事等具体访谈获知，机电一体化技术专业学生毕业进入公司就业后，首岗从事机电设备维修技术员（即保全修理类）岗位的占90%以上，目前从事管理监督类等其他岗位的毕业生也多是从保全修理类岗位迁移过去的。机电设备维修技术员（即保全修理类）岗位是学校机电一体化技术专业毕业生在C公司就业的主要岗位，C公司近十年来每年在学校招收机电一体化技术专业新生开设一个定制订单班，同年从学校的机电一体化技术专业毕业生中招录20~30人，占机电一体化技术专业当年毕业生人数的15%~20%，可以说，机电设备维修技术员（即保全修理类）岗位是学校机电一体化技术专业的主要岗位群之一。

第4题 您在科院所就读的专业？ ［单选题］

选项	小计	比例
机电一体化专业	51	41.8%
电气自动化专业	23	18.85%
模具专业	8	6.56%
数控专业	6	4.92%
工业机器人专业	1	0.82%
其他	33	27.05%
本题有效填写人次	122	

图4-2 无锡科技职业学院毕业生专业组成

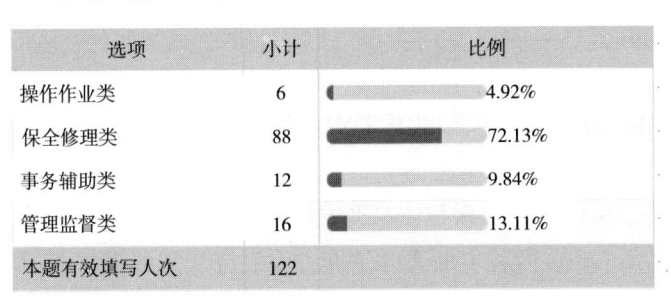

第8题 您目前从事的岗位类型： ［单选题］

选项	小计	比例
操作作业类	6	4.92%
保全修理类	88	72.13%
事务辅助类	12	9.84%
管理监督类	16	13.11%
本题有效填写人次	122	

图4-3 无锡科技职业学院毕业生从事工作岗位组成

C公司所在行业为电子基础产业，C公司是世界一流的电子元器件制造供应商，主要生产以陶瓷材料为主的电子元器件，其中贴片式多层陶瓷电容器（MLCC）产品处于世界领先地位，公司有大量世界一流厂商研制的智能装备及确保公司产品技术行业领先自行研制的高端智能装备。公司近5年对招收高职应届毕业生培养为机电设备维修技术员岗位人员需求都达到50人以上。

经过学校教师、企业专家、职教专家共同调研、分析、归纳，机电设备维修技术员岗位的典型工作任务有以下七类：①生产现场设备的日常维护和点检；②第一时间发现、处理生产设备与工程的异常状况，确保正常生产；③对于发生的故障，要运用科学方法进行分析和诊断，找到主要原因并寻求对策，防止再次发生；④将维修中获得的经验整理成书面资料在团队中分享；⑤新产品导入时，新设备安装调试以及自动化产线设置；⑥参与工程设备维持、改善活动的策划以及推进；⑦提高设备效率，降低故障发生率，降低成本。

岗位职业综合能力包含以下17种：企业对于计算机办公软件应用能力；英文、日文技术资料识读能力；英语、日语基本会话交流能力；机械识图与绘图能力；电气识图与绘图能力；电气控制系统装调能力；简单机械系统装调能力；机械传动系统组装调试能力；电子控制系统组装调试能力；可编程控制器系统应用能力；检测与控制系统组装调试能力；工业网络控制系统组装调试能力；气动系统调试能力；常用电气设备与机械维修能力；机器人编程与操作调试能力；工业工程管理能力；自动化生产线联调及简单技术改造的能力。

企业更加注重学生职业素养的培养，对于企业文化融合、积极乐观、吃苦耐劳、有安全意识、有团队精神、忠诚、精益求精、好学新技术、有创新意识等职业素养高度重视，更强调职业能力范畴的职业核心能力或者关键能力。这些综合职业能力在制定人才培养方案时又加以细分，为构建校企一体化的课程体系提供了依据。

4.2 机电一体化技术专业课程体系的构建

4.2.1 岗位定位是专业课程体系开发的起点

《教育部关于职业院校专业人才培养方案制订与实施工作的指导意见》（教职成〔2019〕13号）提出了制订专业人才培养方案的基本框架，构建专业课程体系是专业人才培养方案制定的主要内容。专业课程体系构建的一般方法是依据企业职业岗位要求，确定职业能力，构建与专业人才培养模式相适应的课程体系，因此岗位定位是专业课程体系开发的起点。

机电一体化技术专业在专业目录中属于装备制造大类专业。2013年德国率先提出"工业4.0"概念，2015年5月，国务院印发《中国制造2025》。《中国制造2025》是我国实施制造强国战略的第一个十年行动纲领。纲领指出，智能制造是主攻方向，也是从制造大国转向制造强国的根本路径。"智能制造"时代，生产技术飞速进步，生产组织方式发生巨大变革。"智能制造"依赖工业化与信息化的深度融合，借助物联网技术、大数据技术实现整个生产系统的自动化。这对智能制造技术技能人才提出了新需求，即工作过程去分工化、人才结构去分层化、技能操作高端化、工作方式研究化、服务与生产一体化。机电一体化技术专业要为传统制造产业向"智能制造"转型做好合格人才供给准备。目前学校已经与C公司正式签订了校企合作协议，双方重点围绕机电一体化技术专业培养机电设备维修技术员开展全方位的产教融合深度合作，共同制定"企业订单班"人才培养方案，实现专业人才培养与企业人才需求的产教融合，实现"精准定位"。

4.2.2 链式专业课程体系的构建

按照相应职业岗位（群）的能力要求，确定专业核心课程和专业课程。以学生为中心，以职业能力培养为主线，以文化素质和职业素养培养为基础，实现受教育者德智体美劳和职业能力的全面与和谐发展。基于"职业→职业岗位→岗位能力"分析，建构"专业→专业方向→课程组合"的链式专业课程体系。按照课程设置的职业性要求，学校深入C公司进行调研，与C公司企业专家共同研讨，确定了机电设备维修技术员核心工作岗位，进行岗位职业能力分析，分析归纳出岗位典型工作任务，并与机电一体化技术专业的其他岗位的典型工作任务、职业岗位能力进行合并、分类与归纳，将其所需要的知识、技能归属到相应的课程，形成机电一体化技术专业C公司"订单班"的"平台+模块+X"课程体系。"平台"包括公共基础平台课和专业群基础平台课，如工程制图、电工电子学基础等；"模块"包括专业必修课程及专业选修课程，如专业实践课程的电工电子实训等，专业核心课程的PLC应用技术、工业网络与组态技术等；"X"课程是在前两者的基础上，进一步满足学生兴趣、特长和个性化发展需要设立的共享课程，如精益生产管理、工业机器人操作与运维等。然后按照课程结构安排的规律性要求，将课程内容按照从简单到复杂、从单一到综合的逐渐递进关系进行序化，使之符合学生的认知规律和机电一体化技术职业能力的形成规律，并按照工作过程系统化的要求，使课程体系所对应的典型工作任务完整地覆盖本专业所对应的岗位职责，包含工作任务的所有具体工作步骤，能使学生在一种完整的、综合的行动中进行思考和学习，使学生尽早接触职业岗位工作实践，了解企业生产经营的全过程，掌握职业技能，学到专业知识，获得职业能力，形成分析问题和解决问题、团队合作等综合职业能力，使机电一体化技术专业人才培养质量既符合企业用人的现实需求，又满足学生未来职业迁移的需求（图4-4）。

4.2.3 课程体系的运行保障

产业技术的升级伴随着职业能力的升级，需要专业课程进行及时调整并进行课程内容的改进。通过产教融合、校企合作，将行业企业最前沿的技术、工艺、规范以及企业文化等及时融入专业课程内容中。近年来，学校机电一体化技术专业教师与C公司技术专家依据"来源企业、服务教学"，以企业真实项目为载体，由企业专家和专任教师组成开发团队，聚焦智能制造领域的共性关键核心技术，共同研制适合职业教育特点的智能教育机实训装备。该装备适应智能装备新技术发展趋势，及时增加了人工智能及大数据、工业机器人应用技术、工业互联网应用技术，机器视觉检测技术等企业急需专业学生掌握的、企业正在应用或即将应用的一批先进技术（图4-5）。

校企双方共同依据实训设备开发配套实训项目，并编写项目式教材，同时学校制定措施激励专任教师深入企业一线，学习企业新知识、新工艺，并把它们融入教材编写和教学内容中。C公司订单班学生入校即根据岗位要求制定双方教师共同实施的教学进程计划表，企业高级管理人员与技术专家从一年级开

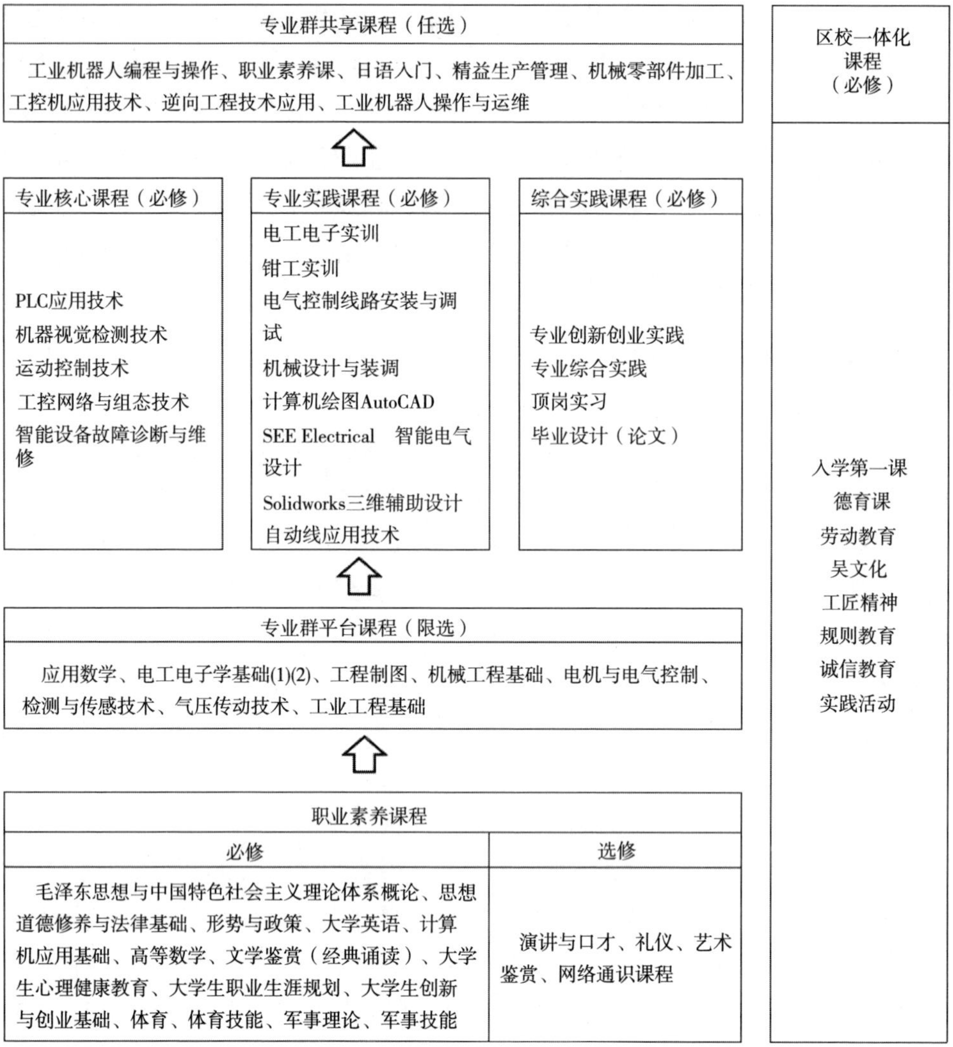

专业群共享课程（任选）

工业机器人编程与操作、职业素养课、日语入门、精益生产管理、机械零部件加工、工控机应用技术、逆向工程技术应用、工业机器人操作与运维

专业核心课程（必修）	专业实践课程（必修）	综合实践课程（必修）	区校一体化课程（必修）
PLC应用技术 机器视觉检测技术 运动控制技术 工控网络与组态技术 智能设备故障诊断与维修	电工电子实训 钳工实训 电气控制线路安装与调试 机械设计与装调 计算机绘图AutoCAD SEE Electrical 智能电气设计 Solidworks三维辅助设计 自动线应用技术	专业创新创业实践 专业综合实践 顶岗实习 毕业设计（论文）	入学第一课 德育课 劳动教育 吴文化 工匠精神 规则教育 诚信教育 实践活动

专业群平台课程（限选）

应用数学、电工电子学基础(1)(2)、工程制图、机械工程基础、电机与电气控制、检测与传感技术、气压传动技术、工业工程基础

职业素养课程	
必修	选修
毛泽东思想与中国特色社会主义理论体系概论、思想道德修养与法律基础、形势与政策、大学英语、计算机应用基础、高等数学、文学鉴赏（经典诵读）、大学生心理健康教育、大学生职业生涯规划、大学生创新与创业基础、体育、体育技能、军事理论、军事技能	演讲与口才、礼仪、艺术鉴赏、网络通识课程

图4-4 机电一体化技术专业课程体系框图

始就入校为学生开设职业素养课，从企业文化认同、职业生涯规划、安全专题、团队合作、现场改善方面将工匠精神、企业文化、科学管理等内容融入教育教学的过程中。二年级开始，企业兼职教师在校内为学生实施Solidworks三维辅助设计、工业工程基础等专业课程教学。校企共同组织学生在一二年级进入企业参观，进行岗位认知实习，开展校外团队拓展等系列活动来培养与提高学生的核心职业能力。三年级开始，学生进入企业，企业师傅进行岗位实习指导。

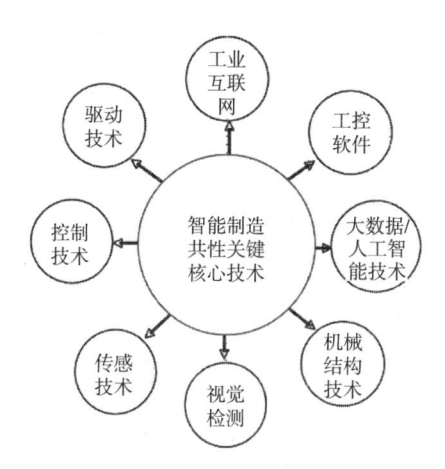

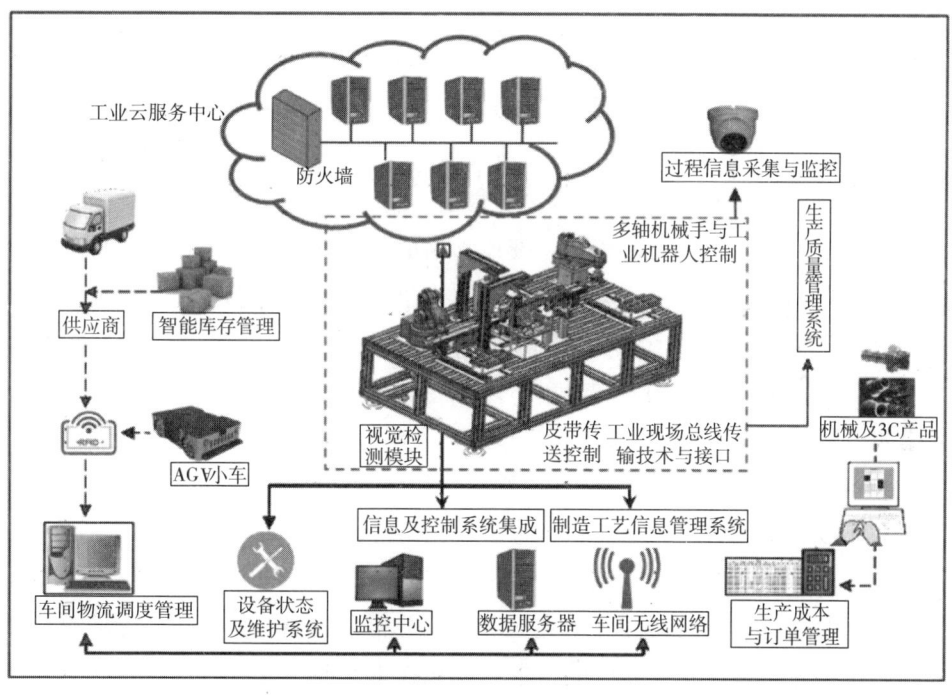

图4-5 智能教育机实训装备共性关键核心技术及组成结构框图

4.3 机电一体化技术专业人才培养模式的形成

无锡科技职业学院机电一体化技术专业主动适应无锡高新区（新吴区）的产业经济和发展需要，服务高新区智能装备与汽车零部件产业集群，实施政府支持下的产教融合、校企和校地协同育人模式（图4-6）。在无锡高新区（新吴区）

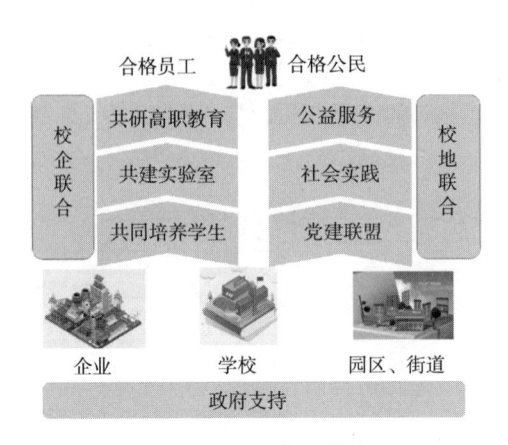

图4-6 协同育人模式图

的大力支持下,校企紧密合作,围绕企业的需求,对标行业标准和教育部机电一体化技术专业教学标准,校企通过共培(共同培养学生)、共建(共同建设实验室)、共研(共同研究高职教育),着力提升学生的专业能力;校地紧密合作,学校和高新区(新吴区)各部委办局、街道、园区通过党建联盟、社会实践、公益服务等项目载体,将街道和社区变成学生的校外课堂,着力提升学生的人文素养。学生入学后,通过"双选"便可进入C公司订单班学习,从入学到毕业就业,受到学校、企业、街道的关注和培养。通过校企"双主体"育人,实现校企无缝对接,培养高素质的技术技能人才。学生经过三年的学习,逐级递进提升,既成为达到企业人才需求标准的合格员工,又成为对社会发展有益的合格公民。

4.4 本章小结

本章通过对无锡高新区(新吴区)产业分析和机电一体化技术专业岗位需求调研,构建了符合企业需要的机电一体化技术专业"素养+技能"的"平台+模块+X"课程体系,践行产教融合、校企和校地协同育人模式。

第5章　无锡高新区高职教育创新

5.1　无锡高新区高职教育创新的理论基础

5.1.1　培养大国工匠、能工巧匠的重要方式

高等职业教育是培养大国工匠、能工巧匠的重要方式。2020年11月24日，习近平总书记在全国劳动模范和先进工作者表彰大会上的重要讲话指出，在长期实践中，我们培育形成了爱岗敬业、争创一流、艰苦奋斗、勇于创新、淡泊名利、甘于奉献的劳模精神，崇尚劳动、热爱劳动、辛勤劳动、诚实劳动的劳动精神，执着专注、精益求精、一丝不苟、追求卓越的工匠精神。劳模精神、劳动精神、工匠精神是以爱国主义为核心的民族精神和以改革创新为核心的时代精神的生动体现，是鼓舞全党全国各族人民风雨无阻、勇敢前进的强大精神动力。习近平总书记对劳模精神、劳动精神、工匠精神的科学内涵及其重大价值的全面论述，为我们大力弘扬、深入践行劳模精神、劳动精神、工匠精神指明了方向，提供了基本遵循。

高等职业教育是国民教育体系和人力资源开发的重要组成部分，肩负着培养多样化人才、传承技术技能、促进就业创业的重要职责。高等职业教育的本质特征和价值取向决定了新时代职业教育不仅要关注职业需求、职业能力和职业素养，主动适应区域社会经济发展对技术技能人才多样化、应用性、复合型需求，培养面向生产、建设、管理与服务一线，具有劳模精神、劳动精神、工匠精神和国际视野，技术应用和职业实践能力强，具备面对复杂的不确定情境能够综合运用所学的理论与方法解决实际问题的关键能力，能够满足产业链多岗位要求，并能够面向未来主动参与工艺开发、开展技术创新的高素质职业人才，更要关注受教育者的全面发展，构建以"学习者为中心"的新型生态，服务终身学习教育，促进自我成长，发展个性、激发潜能、实现人生价值。要以伟大的建党精神为引领，深化职业教育综合改革，推进高等职业教育提质培优、增值赋能，更好地彰显中国职业教育的"大有可为"和"大有作为"。

5.1.2　高等职业教育的基本办学模式

（1）现代供应链视阈下高职教育的问题分析

党的十九大报告提出，要在现代供应链等领域培育新增长点、形成新动能，这标志着现代供应链发展已上升为国家战略。《国家职业教育改革实施方案》明确了职业教育的类型教育发展方向。技术技能人才培养具有现代供应链的特征，高职院校借鉴现代供应链管理思想，探索高职教育高质量发展的实现路径，对于创新我国职业教育改革发展模式具有重要的现实意义。

供应链是一个开放协同的体系，其形成和发展都是基于市场和利益相关者的需求而发生。然而，一些高职院校封闭办学，游离于市场之外，缺乏对地方政府、行业企业、学生、家长等利益相关者需求的及时响应，缺乏对行业和区域社会经济发展的整体性认知和系统性渗透，对于现代企业技术领域、生产过程和管理方式的深刻变化认识模糊，不能适应生源多样化和学生个性化发展的要求，不能满足企业人才定制化和复合型的培养需求，技术技能人才培养层次不高、供给不足、供求结构性矛盾突出。

供应链管理是把整条供应链当作一个整体进行考量，关注供应链各要素的相互依存关系，注重各要素协同发展，发挥供应链的整体效能。然而，一些高职院校对于各类资源的整合、优化和协同能力较弱，难以保持校企协同育人战略一致性，专业设置和培养模式与生产生活实际脱节，行业企业参与办学的积极性不高，尚未形成人才培养全过程高效协同的组织形态，尚未真正建立德技并修、工学结合的育人机制，企业间的联合、学校间的联合、企业与学校的联合尚有诸多文化和体制机制障碍。

现代供应链以数据为核心要素，运用现代信息技术和现代组织方式，能够及时反映供应链上的每个实体和利益相关者的实际需求，进而组合新的业务流程，实现组织内部运作流程集成、组织与外部流程的集成，促进供应链一体化的发展。然而，一些高职院校仍然沿袭线性结构的传统人才培养链，内部组织机构行政化倾向较重，工作任务仍然实行传统分工，对内尚未建立扁平化项目管理机制，对外尚未形成信息共享和交互机制，业务流程缺乏与信息技术的深度结合，缺失现代化治理的赋能，办学活力不足，服务能力不强，教职员工主动性、积极性不高。

（2）产教融合、校企合作是高等职业教育的基本办学模式，是办好高等职业教育的关键所在

政校企行联动、产学研创并举、跨界开放办学，打造政校行企命运共同体，促进职业教育与区域产业发展良性互动。2010年，《国家中长期教育改革和发展

规划纲要（2010—2020年）》提出"建立健全政府主导、行业指导、企业参与的办学机制"。2014年，《国务院关于加快发展现代职业教育的决定》明确"企业是职业教育的重要办学主体"。2017年，中共中央办公厅、国务院办公厅印发《关于深化教育体制机制改革的意见》，提出"要健全德技并修、工学结合的育人机制"，强调"支持行业企业参与人才培养全过程，促进职业教育与经济社会需求对接"。《国务院办公厅关于深化产教融合的若干意见》（国办发〔2017〕95号）指出，深化产教融合，促进教育链、人才链与产业链、创新链有机衔接，逐步提高行业企业参与办学程度，健全多元化办学体制，全面推行校企协同育人，促进供需对接和流程再造，构建校企合作长效机制。教育部会同国家发展改革委、工业和信息化部、财政部、人力资源社会保障部、国家税务总局，制定了《职业学校校企合作促进办法》（教职成〔2018〕1号），指出校企合作是指职业学校和企业通过共同育人、合作研究、共建机构、共享资源等方式实施的合作活动，校企合作实行校企主导、政府推动、行业指导、学校企业双主体实施的合作机制，建设知识型、技能型、创新型劳动者大军。《国家职业教育改革实施方案》（国发〔2019〕4号）提出"促进产教融合校企'双元'育人"，明确要求"以促进就业和适应产业发展需求为导向，鼓励和支持社会各界特别是企业积极支持职业教育"，推动新时代职业教育办学"由政府举办为主向政府统筹管理、社会多元办学的格局转变"，实现职业教育组织实体类型化。2019年3月，国家发展改革委、教育部印发《建设产教融合型企业实施办法（试行）》，要求落实产教融合型企业在项目审批、服务购买、金融支持、用地等方面的政策优惠和便利条件。2019年9月，国家发展改革委、教育部等6部门印发《国家产教融合建设试点实施方案》，提出打造一批区域特色鲜明的产教融合型行业，建设培育一批产教融合型企业，为产教融合制度和模式创新提供可复制可借鉴的经验。2021年10月，中共中央办公厅、国务院办公厅印发了《关于推动现代职业教育高质量发展的意见》，提出健全多元办学格局，协同推进产教深度融合，创新校企合作办学机制，丰富职业学校办学形态，拓展校企合作形式内容。

（3）职业教育园区办学

经济技术开发区是实现地方高质量发展的重要载体，推进区域一体化发展的重要动力，实施创新驱动发展战略的重要平台，发展更高层次开放型经济的重要高地。职业教育园区办学要深刻把握开发区在国家和地方战略中的目标与任务，深入贯彻《国家职业教育改革实施方案》，更加明确自身的职责使命与发展定位，坚持"创新、协调、绿色、开放、共享"发展理念，坚持区校一体、共建共享、互为支撑、互动发展的价值取向，聚焦开发区发展的技术技能人才需求，突破学校、企业、政府的清晰边界，从理念创新、制度设计、文化认同三个维度，形成紧密对接开发区、高新区产业链和创新链的专业体系，打造中国特色职业教育品牌。通过交叉渗透、整合重组和优势互补，多渠道扩大资源供给，促进各类要素资源的相互结合，形成学校更加广阔的发展空间，建构可持续发展的"区校命运共同体"，把开发区的产业优势、技术优势、创新优势和区位优势内化为自身的办学优势，立足开发区谋划专业布局，融入开发区建立长效机制，服务开发区促进全面发展，学校的定位始终与开发区的定位相匹配，学校始终与开发区保持同频共振，应运而生、因势利导、应时而动，引导学生把自身成长成才的需求与对未来美好生活向往的追求和开发区的发展需要与未来愿景紧密联系起来，着力培养掌握高新技术、具有先进管理理念、具备更高格局和更宽视野、适应新一轮科技革命和产业变革以及社会需求的新时代高素质国际化产业生力军，以有力支撑开发区高质量产业发展、高效益科技创新、高层次对外对内开放和高水平产城融合。

5.1.3 职业教育人才评价体系改革的重要举措

2019年1月，国务院印发《国家职业教育改革实施方案》（"职教二十条"），提出"大幅提升新时代职业教育现代化水平，为促进经济社会发展和提高国家竞争力提供优质人才资源支撑"的总体要求。"1+X"证书制度试点，即"学历证书+若干职业技能等级证书"制度试点工作是落实"职教二十条"的重大举措。2019年4月，教育部、国家发展改革委、财政部、市场监管总局联合印发了《关于在院校实施"学历证书+若干职业技能等级证书"制度试点方案》，部署启动1+X证书制度试点工作。

1+X证书制度以提升职业教育人才培养质量为主线，学历证书与若干职业技能等级证书有机衔接，是深化复合型技术技能人才培养培训模式和评价模式改革的重要抓手，是探索构建国家资历框架的基础性工程。鼓励职业院校学生在获得学历证书的同时，积极取得多类职业技能等级证书，拓展就业创业本领，缓解结构性就业矛盾。职业技能等级证书分为初级、中级、高级，是职业技能水平的凭证，反映职业活动和个人职业生涯发展所需要的综合能力。不同等级的职业技能标准与不同教育阶段学历职业教育的培养目标和专业核心课程的学习目标相对应，保持培养目标和教学要求的一致性。

学历证书和职业技能等级证书不是两个并行的证书体系，而是两种证书的相互衔接和相互融通，书证相互衔接融通是1+X证书制度的精髓。要牢牢把握"1"这一职业教育类型规律的根本，在此基础上，比照"X"证书的要求，做好职业技能等级标准与有关专业教学标准的衔接，以完成典型工作任务的综合职业能力为考核导向，优化课程设置，对课程内容进行补充、强化和拓展，使1+X证书制度在同一课程体系、教育过程和评价标准中加以实施。"X"证书培训和专业教学可以统筹安排教学内容、实践场所、组织形式、教学时间、师资、考试与评价，从而实现X证书培训与专业教学过程的一体化。

学历证书与职业技能等级证书体现的学习成果相互转换。获得学历证书的学生在参加相应的职业技能等级证书考试时，可免试部分内容；获得职业技能等级证书的学生，可按规定兑换学历教育的学分，免修相应课程或模块。学历证书与职业技能等级证书的互通互换，为构建国家资历框架奠定了基础。

5.2 无锡高新区高职教育创新实践

5.2.1 职业教育园区办学探索

全国现有开发区2698个，其中长三角开发区508个，占比18.8%。开发区的高职院校现有272所，其中，长三角开发区的高职院校现有90所，占比33%。这些院校在园区办学实践中积累了经验，彰显出"办在开发区"的独特优势。

（1）专业适时转型

无锡科技职业学院依托无锡高新区，既是拥有3000余年历史的吴文化发祥地与核心区域，又是当代知识创造和技术创新聚集地的区位优势，弘扬"开放、创新、务实、担当"的无锡高新区精神，发挥无锡高新区在全市占比40%以上的"跨国公司地区总部和功能性机构"、168个"工厂总部化"企业、3 000多家高新技术企业和高端服务企业的集群优势，对接新一代信息技术、高端装备、新能源、跨境电商等地标性产业集群，建构人工智能、物联网技术、智能制造、新能源汽车、电子商务等特色专业群。近年来，移动互联应用技术专业脱胎于软件技术专业和物联网应用技术专业，适应高新区以5G通信为核心的移动互联应用的发展需求，成功转型为"指尖上的专业"，获评江苏省A类品牌专业，主持全国职业院校移动互联应用技术专业教学标准制订工作；光伏工程技术专业适应高新区新能源产业发展需求，由光伏组件制造方向转向分布式光伏电站和智能微电网运维方向，成功转型为"风口上的专业"；模具设计与制造专业瞄准模具数字化设计与智能化制造和成型方向，适应关键零部件个性化、定制化的发展趋势，促进用模具生产的最终产品的价值提升和倍增，成功转型为"效益放大器上的专业"；电子商务专业聚焦外贸发展新业态和数字贸易新模式，针对跨境电商企业、跨境电商交易平台、物流企业、支付企业、通关监管机构五种类型的跨境电商人才需求，构建"基础业务人才、高端运营人才、高级管理人才、创新创业人才"阶梯式、多维度的跨境电商人才培养体系，成功转型为"云端上的专业"，2019年获批中国（无锡）跨境电子商务综合试验区人才培养基地。微电子技术专业在2006年世界一流集成电路生产企业韩国SK海力士公司进驻无锡高新区时，即与企业开展产业导向定制化人才培养，2009年至今，每年举办一届"海力士"订单班。目前在海力士工作的毕业生中，70%以上在高级技术员、工程师岗位，成长为企业的技术骨干。企业人力资源部的数据表明，与同类院校毕业生相比，该订单班毕业生在工作中的人事绩效高出20%，岗位成长最快、离职率最低。第三方麦可思数据有限公司提供的学校《2019届毕业生培养质量评价报告》指出："毕业生对本地的服务贡献程度较高。"

（2）专业匹配产业

产业发展是开发区的立区之本，专业建设是高职院校的立校之本。广东省中山火炬职业技术学院围绕中山火炬高技术产业开发区包装产业链，依托高新区的区位、产业、信息、智力、技术优势以及浓厚的创新氛围与优良的开放环境，对接园区的中国包装印刷生产基地、国家（中山）健康科技产业基地，促进学科交叉与跨界整合发展，以包装策划与设计专业为核心，以广告设计与制作（包装艺术设计方向）、印刷媒体技术、光电技术应用（智能包装方向）、药品生产技术（安全包装方向）等专业（方向）为重点，建设高水平包装策划与设计专业群，打造"国内一流、行业顶尖、国际知名"的包装设计技术人才培养和培训基地、包装检测服务中心、智能包装与安全包装技术服务平台，面向包装装潢设计、包装防护设计、包装检测、包装生产、包装应用五个关键岗位群，培养包装专业高素质复合型技术技能人才，主动适应包装产业从单一包装产品设计技术向一体化整体包装解决方案的转型，从简单的包装产品防护设计功能向高端智能包装设计的升级，持续提升对粤港澳大湾区经济社会发展的支撑能力。

（3）创新体制机制

无锡科技职业学院与高新区政府、行业、企业紧密联系，共建三层次、三体系、三平台的"333"区校一体运行的体制机制。

"三层次"即建立合作理事会—专门委员会—项目联合管理委员会的组织结构，由高新区党工委书记、管委会主任担任理事长，学校党政领导、高新区管委会相关副主任担任副理事长，由学校、高新区相关部门、产业园区、行业协会、行业领军企业和科研院所共建合作理事会，学校发展的重大问题纳入无锡高新区国民经济和社会发展规划。理事会是决策机构，下设人才合作委员会、科技合作委员会、社区教育委员会三个统筹性专门委员会。学校与高新区人力资源服务中心联合成立人才合作委员会，实施校企合作紧缺人才培养新机制；与高新区科技创新促进中心联合成立科技合作委员会，实施贯通校企的项目化柔性团队新机制；与新吴区教育局联合成立社区教育委员会，实施高职院校服务产城融合新机制。专门委员会根据合作项目的内容和要求设立相关的执行性项目联合管理委员会具体组织实施。

"三体系"即建立学校教育功能和高新区产业与社会发展互动的人才培养与培训体系、科技创新与成果转化体系、社区教育与文化传承体系。

"三平台"即建立校企合作桥梁与纽带的协同育人、技术开发、公共服务三大共享平台。

三层次、三体系、三平台相辅相成、上下贯通、系统运行，彰显学校治理体系的开放性和治理能力的现代化，促进"相生相伴、共生共长"的区校互动发展格局的形成，充分发挥地方政府、行业企业支持学校改革发展的积极性、主动性和创造性。理事会决策架构下，人才培养与培训体系和协同育人平台促进了技术技能人才培养的高效化、立体化、多样化和个性化；科技创新与成果转化体系和技术开发平台激发了教师开展技术服务与咨询的积极性，锻炼了教师的专业实践能力，促进了把科教优势转化为服务地方经济发展优势；社区教育与文化传承体系和公共服务平台对于提升社区居民的文明素养，促进人的全面发展，完善终身教育体系，建设学习型社会，增强人民群众的获得感具有重要的现实意义。为了更好地促进学校在"政产学研社"深度融合的办学之路上不断创新前行，在2021年召开的无锡科技职业学院理事会上，无锡高新区党工委、管委会牵头成立了无锡科技职业学院专家咨询委员会、校企合作委员会、校地合作委员会，形成了更加紧密的政产学研为一体的教育联盟。

（4）优化制度供给

高职院校治理目标的确立、治理体系的优化、治理能力的提升要基于问题导向,并适应现代产业体系的内在要求。ISO 9001—2018质量管理体系标准问题导向鲜明,具有供给侧和需求侧两端发力的特点,质量方针与质量目标相一致。通过这一标准认证的企业,被认为在各项管理系统整合上已达到国际标准,能持续稳定地向顾客提供预期和满意的合格产品。江苏省苏州工业园区职业技术学院确立"用明天的技术,培训今天的学员,为未来服务"的办学宗旨,根据园区国际企业集聚的特点,2003年即建立起涵盖规划、专业、课程、师资、校企合作、实训条件和基础设施、后勤服务等不同层面的全要素ISO质量管理体系,从文化和制度层面接轨国际企业。作为在管理中率先导入质量管理体系的高职院校,近二十年坚持不懈,以对标、诊断与改进为手段,持续改进内控机制,强化各层级管理系统之间的质量依存关系,增强学校治理的符合性、充分性和适宜性,不断提高教育教学质量和后勤服务水平,提升学校满足企业、学生、家长、社会和组织自身要求的能力,有力促进了苏州工业园区的经济技术合作项目的开展。

（5）健全双元育人

校企跨界互动、深度合作,建构相互依存、共同发展的"校企命运共同体",紧跟开发区产业发展变化,明晰人才培养目标,主动变革教学标准、人才培养方案和课程体系,及时将行业新标准、职业新标准转换为教学新标准,将新技术资源转换为新课程资源,实现人才培养的转型升级,突破高技术技能人才的瓶颈制约。北京电子科技职业学院是北京经济技术开发区内唯一一所高职院校,是北京经济技术开发区技能人才培训基地。作为国家首批现代学徒制试点单位,机电一体化技术、汽车检测与维修技术、数控设备应用与维护、数字媒体艺术设计、环境工程技术五个专业与博世力士乐（北京）液压有限公司、戴姆勒大中华区投资有限公司等十家企业签署现代学徒制合作协议,校企共同制订《数字媒体艺术设计专业人才培养方案》等五个人才培养方案,以及《师资队伍综合评价办法》《现代学徒制教学质量监控办法》等十九个配套管理制度,校企共同建成六个实训基地（中心）,校企合作开发IMI职业资格证书、奔驰POCC MT资格证书等五个岗位资格证书,逐步形成了学校产教合作机制化、人才供给精准化、社会服务多样化的"三化"办学新模式。

（6）产教深度融合

产教融合是教育教学接轨市场和职业岗位实际需要,办学定位和专业设置主动匹配区域经济社会发展中的新技术、新产业、新业态和新模式的发展需要,人才培养和企业需求结合，校园文化和企业文化融合，技术开发与服务协同开展，教育价值和产业价值相长。浙江省金华职业技术学院深入金义都市新区这一金华目前最大的建设平台，2014年校地共同创办混合所有制特色产业学院——金义网络经济学院，是浙江省首个网络经济学院，设置电子商务、物流管理、商务数据分析与应用三个专业，探索由地方政府提供办学场地、学校负责教学运行、阿里集团提供品牌影响力的"1+1+1"混合所有制办学模式，依托阿里巴巴菜鸟公司在国内开设的第一个基地菜鸟·金义电子商务新城、金义综合保税区、5173.com虚拟物品交易平台、"四通一达"等快递公司区域中心，引进社会资本和行业资源，建立产教融合平台，设有教学型公司双翼网络科技有限公司和创业孵化中心，新区各大电商园区也成为学生们的实践基地，学生开展实战训练和创业实践。以企业化职员制改革为突破口，创新"公司员工"与"教师"双重身份的评价机制，实行学生学业和创业实践的"弹性学分互认管理"制度，严格按照电商企业管理规范，实施教学与运营融合、专业学习与创业融合的育人模式，建构"师生成长共同体"，营造新区优质的电商生态圈，培养现代电商技术技能人才。

（7）培养培训并举

高职院校要以服务求支持、以贡献求发展。安徽省芜湖职业技术学院融入芜湖经济技术开发区，深化招生制度改革，2009年芜湖职业技术学院在全省率先面向普通高中开展单独招生试点工作；2011年在全省率先面向中职毕业生试点招生；2012年又在全省率先开展面向企业在职员工和复转军人招生、与企业行业合作招生的试点工作；2014年学校会同安徽工程大学和相关行业企业，按照职业教育"理实一体、知行合一"的教育理念，在安徽省率先开展机械设计制造及其自动化专业、自动化专业四年一贯制技术技能型本科人才培养模式改革试点工作，毕业生相继获聘埃夫特机器人、爱特新能源、三安光电等大中型高新企业；部分优秀学生考取了硕士研究生。学校是全国较早开展退役军人职业教育培训工作的院校，2009年即被批准为芜湖市退役士兵职业技能培训基地，2015年被批准为安徽省退役士兵省内异地教育培训定点承训机构，2019年牵头成立安徽省退役军人职业教育培训联盟。学校根据人力资源市场的用人需求和退役军人自身的发展意愿设置培训项目与内容，建立就业促进平台，学员通过学习培训，进入与学校建立校企合作关系的省内外大中型企业就业，一批学员成长为优秀企业家和村镇负责人。

（8）服务精准有效

无锡科技职业学院开展"T型"结构培训，纵向培训高端紧缺人才，横向服务社会民生。学校配合无锡高新区（新吴区）实施"飞凤人才计划"，设立了无锡高新区紧缺人才实训学院，开创高职院校举办"本科后"实训的先河，举办引智聚才"本科后"高技能培训项目，校企合作设计以物联网应用为龙头的新一代信息技术项目群，建立企业化实训平台，将企业文化、职业素养、技能培训和业务流程等全要素贯穿6个月"浸入式"培训全过程，引进和培育了8000多名来自全国近100所本科院校的"本科后"学员，经过快速系统的职业技能提升，学员实现高新区高新企业的"零距离"就业，实训项目成为学校育才的孵化器、学生成才的加速器、企业纳才的助推器。学校服务无锡高新区"产城融合先导区"建设，挂牌成立新吴区社区学院，建立社区学院—街道社区教育中心—社区市民学校—社区教育片区工作点四级联动运行模式，面向高新区（新吴区）全体社区居民，建成全区社区教育指导服务中心、社区居民教育培训中心、课程与项目开发中心。同时，社区学院根据社区居民特点开展针对性特色服务，帮助来自外商投资企业的"洋居民"参与社区治理，体验中华文化，促进中外文化交流和社区治理国际化；帮助来自外地的中青年"新居民"适应新生活，融入当地文化；帮助残疾人等弱势群体掌握技能，增强就业和创业能力。社区学院年公益性服务培训约7万人日，获评全国优秀成人继续教育院校（培训机构），入选《2019中国高等职业教育质量年度报告》典型案例。

5.2.2 专业群建设

专业群建设是高职院校内涵建设的重要任务和技术技能积累的重要载体，在新时代高职教育高质量发展中具有重要的实践价值。无锡科技职业学院从理念、路径、保障三个方面入手，着力建设适应需求、特色鲜明、效益显著的智能新能源汽车专业群，着力提高人才培养质量，努力培养面向未来产业的高素质创新型复合型技术技能人才。

（1）理念：变与不变的辩证统一

作为江苏省首家"高新区办学、办在高新区"的公办高职院校，无锡科技职业学院坚守初心不变，坚定不移地贯彻创新、协调、绿色、开放、共享的发展理念，贯彻《国家职业教育改革实施方案》的新要求，坚持"立足高新区、服务高新区、融入高新区"的办学宗旨，全面打造"创新驱动、区校一体、产教融合"的全国高新区高职教育新吴模式。学校树立以学生为中心的人才培养观，将培育和践行社会主义核心价值观贯穿于教育教学的始终,紧扣学校办学定位与学校的目标愿景,深入实践《无锡科技职业学院服务高新区(新吴区)三年行动计划(2019—2021年)》,从人力资源供给、科技服务、社区服务、文化服务等方面全方位对接无锡高新区创新发展,以服务需求为导向,精准把握区域经济社会发展需求的变化,科学把握学生学情的变化,落实专业教学标准的基本要求,满足区域经济社会发展需求,满足学生全面发展需求。

《无锡高新区(新吴区)推进长三角一体化发展三年行动计划(2020—2022年)》明确提出,重点建设物联网、高端装备、集成电路、电子元器件、汽车及零部件(含新能汽车)等五个具有国际影响力的产业集群。汽车产业以产业链长、关联度高、供给能力强、对外开放步伐大、长期预期效果好,是重要战略性支柱产业。2020年2月,国家发改委、工信部、科技部等11个部委联合发布《智能汽车创新发展战略》,提出了智能汽车发展的战略愿景与路线图。新能源汽车行业异军突起,代表了未来汽车产业发展的趋势。习近平总书记指出:"发展新能源汽车是迈向汽车强国的必由之路。"2020年10月,国务院办公厅印发《新能源汽车产业发展规划(2021—2035年)》,坚持电动化、网联化、智能化发展方向,推动新能源汽车产业高质量发展。汽车保有量的持续增长和新能源汽车的强势发展,带来汽修人才尤其是新能源汽车行业的人才缺口。学校专业群建设紧紧围绕无锡高新区重点产业发展和国家发展战略的重大需求,审时度势、应时而变,聚焦新技术、新产业、新模式、新业态,注重与产业协同发展,着眼于培养学生快速适应社会变化的能力,保持专业群建设可持续发展的活力。

(2)路径:为与不为的主动选择

无锡科技职业学院坚持"有所为与有所不为"的专业群建设策略,面向未来产业,瞄准传统汽车制造、人工智能技术与移动互联网技术的相互融合和渗透的智能新能源汽车产业,基于学校现有专业优势进行整合,从学校的智能制造学院、物联网学院、人工智能学院三个二级学院选择了紧密关联智能新能源汽车产业的集成应用领域的移动互联应用技术、物联网应用技术、新能源汽车技术、智能控制技术、汽车检测与维修技术五个专业,并以江苏省高校A类品牌专业——移动互联应用技术专业为核心,构建培养创新型、复合型技术技能紧缺人才的智能新能源汽车专业群(图5-1)。

移动互联应用技术专业侧重培养以5G移动通信为核心的人、车、路和云端

```
                物联网              智能控制
                技术专业            技术专业

                      移动互联
                      应用技术专业

                新能源汽车          汽车检测与维修
                技术专业            技术专业
```

图5-1　智能新能源汽车专业群

的互联互通（车联网）应用系统相关企业的开发、测试和运维等岗位应用型人才；物联网应用技术专业侧重培养智能传感器的研发、生产、测试、安装调试和维护等岗位的应用型人才；智能控制技术专业侧重培养智能新能源车自动控制设备的研发、生产、编程、测试、安装调试和维护等相关岗位的应用型人才；新能源汽车技术专业面向电池、电机和控制三个领域相关设备的研发、测试、安装与调试、检测和维修等岗位，培养应用型人才；汽车检测与维护专业则从整车的视角，建立传统汽车行业和新型汽车行业联系，并为智能新能源汽车的总装厂、4S店、检测站、维修企业的装配、检测、调试、维修和营销等岗位培养应用型人才。

智能新能源汽车专业群犹如一条链条有机串接了物联网、高端装备、集成电路、电子元器件、汽车及零部件（含新能汽车）等五个无锡高新区重点发展的产业集群，立足于差异化竞争和特色化发展，力求突破同质化竞争和低水平重复，探索突破传统专业模式的局限，注重人才培养针对性与适应性的结合，既关注专业与就业职业的匹配度，更在互联网技术迅速发展的背景下从终身教育的视角审视专业群的人才培养。

（3）保障：融与不融的关键抓手

智能新能源汽车专业群的五个专业来自不同的专业大类，只有形散而神不散，形成你中有我、我中有你的专业深度融合发展格局，才能真正培养适应新时代工业化和信息化"两化融合"新要求的创新型复合型技术技能人才，才能真正提升专业服务智能新能源汽车产业集成应用领域的能力。

①治理能力保障。学校改革内部治理体系，深入推进教学改革的重要实践，回归职业教育类型教育本原，从增强人才培养的功能出发，促进教师"小我"与"大我"相融合的价值取向的建立，突破教师和二级教学单位"专业化"的局限性，建设柔性化、扁平化、项目制的新型现代大学教学组织和制度。设立跨二级教学单位的智能新能源汽车专业群项目管理委员会，负责跨二级教学单位专业群的运行，协调二级教学单位内外专业之间的交叉管理。建立结构化教学创新团队，以五个专业的创新班为载体制订专业群人才培养方案。建立专业动态调整和教学诊断与改进机制，使专业群及时适应变化的产业，始终保持对接"不脱钩""不掉链"。学校更从专业集群的视角进行资源的整合和集聚，以汽车及零部件专业群、物联网应用技术专业群、人工智能应用技术专业群形成对智能新能源汽车专业群的有力支撑（图5-2）。从而全面提升跨专业大类的专业建设协同水平，培养具有跨专业大类知识结构的创新型复合型技术技能人才，凸显专业群建设的重要意义。

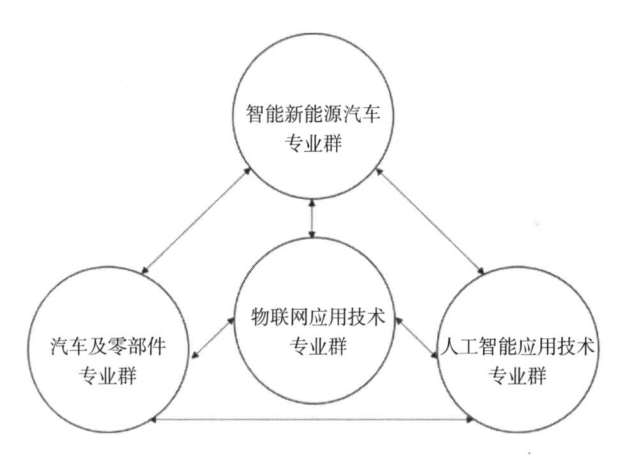

图5-2　从专业群的视角进行资源整合与集聚

②创新平台保障。面对以新能源、智能化为代表的汽车工业技术革命，区域汽车产业存在着技术基础薄弱、人才匮乏、研发投入长期不足等问题。智能新能源汽车专业群始终靶向产业高端，着眼于服务汽车产业转型升级，主动适应汽车制造向汽车创造的转变，整合资源力量，发挥平台作用，依托学校省级物联网工程技术研究开发中心、省级智能制造应用工程技术研究开发中心等创新平台，锁定车载操作系统、智能网联、动力电池、驱动电机等智能新能源汽车产业关

键技术，建设产学研协同创新体系，开展核心关键技术研发和应用、市场推广，并将新技术、新工艺、新规范等产业先进元素持续引入专业群课程体系和教学内容，以科研促进教学，以教学带动科研，推动产业链、人才链、技术链"三链合一"，构建智能新能源汽车产业共同体。

③实习实训保障。智能新能源汽车专业群与汽车专业领域教育部指定评价组织北京中车行高新技术公司等企业深度合作，积极探索智能新能源汽车、智能网联汽车检测与运维、汽车运用与维修、集成电路开发与测试职业技能等级证书的"1+X"书证融通课程体系构建，以其为教师、教材、教法"三教改革"的突破口；依托省级产教融合集成平台培育项目——智能汽车产教融合集成平台、与朗讯科技共建的教育部集成电路产教融合示范基地、与百科融创共建的教育部嵌入式开发产教融合示范基地，建立嵌入式开发、移动机器人（智能车）、无线传感网、移动互联测试、移动应用软件开发、汽车电子、汽车检测与维修、新能源汽车动力驱动等校内实践教学体系，并与无锡高新区的华虹、英飞凌、博世、威孚、村田、联合电子、美新半导体、日新电机和隆盛科技等行业领军企业共建校外实践教学体系。从而，形成以"三教改革"为引领、企业深度参与、校内外实践教学相辅相成的创新型复合型应用人才培养体系。

④就业创业保障。智能新能源汽车产业是工业互联网生态的重要组成部分，具有高端科创平台的特点，学生创新精神、创业意识、跨界思维和综合能力的培养尤为重要。智能新能源汽车专业群注重"专创融合"，把创新创业教育体系有机融入人才培养全过程，通过科技社团、工匠工坊、大学生创新创业项目等载体激发学生的学习热情；通过专业群平台课程帮助学生整体性认知行业与职业；通过校企合作现代学徒制项目提升核心岗位群的能级；顺应新兴产业对"一专多能"和"专、精、深"两个方面的岗位能力要求，五个专业各有能力侧重和挑战性岗位方向。智能新能源汽车专业群建立两类就业支持体系，使学生不仅可以针对性地在区域智能新能源汽车产业的高端岗位就业，也能胜任区域物联网、高端装备、集成电路、电子元器件等产业的适应性岗位，从而拓展了学生的就业空间和成长路径（图5-3）。

智能新能源汽车专业群沿着跟跑、并跑、领跑的前行方向，通过理念导引、明晰路径、落实举措，系统、整体、协同、开放推进专业群建设提质升级、丰富内涵，建立职业教育与区域经济社会发展的良性互动，形成区域特点和行业背景鲜明的发展优势，全面促进学校高质量发展。

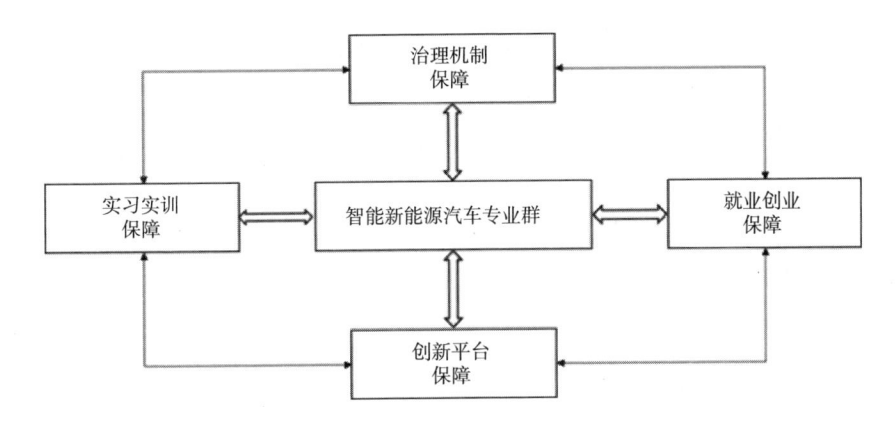

图5-3 拓展学生的就业空间和成长路径

5.2.3 "1+X"证书制度试点

无锡科技职业学院针对无锡高新区智能新能源汽车产业紧缺人才需求，开展新能源汽车电子电气空调舒适技术、网关控制娱乐系统技术中级模块八个项目的考评，并针对无锡高新区汽车服务业亟须的二手车评估师、保险理赔员、查勘定损员和客户信息管理专员岗位需求，开展二手车评估作业鉴定技术、保险理赔与三包作业技术、电子定损计算机应用技术、客户信息管理与数据应用四个项目（中级）的考评，对照职业技能等级证书标准修订人才培养方案，再造课程体系，完成"书证融通"的顶层设计，实现专业设置与产业需求对接、课程内容与职业标准对接、教学过程与生产过程对接，采用仿真、实操等手段从职业素养、技术技能、问题排查与解决等多维度针对性提升学生综合职业技能。

"1+X"智能新能源汽车实训基地的建设。作为教育部公布的首批启动"1+X"证书制度试点的高职院校，学校在实施"1+X"智能新能源汽车证书试点工作中，突破传统高职院校汽车专业实验实训中心建设的局限性，建设符合"1+X"培训考核要求的智能新能源汽车实训基地，为"1+X"证书制度的实施提供充分的硬件保障，对于"1+X"证书制度实训条件建设标准（仪器设备配备规范）在职业院校落地实施具有重要的现实意义和借鉴价值。

（1）传统汽车实训基地建设现状

高等职业教育应该重在培养学生实践能力，但是长期以来，受本科学科教育影响，育人模式和实训基地建设普遍存在普通高等教育的"影子"，影响了"1+X"证书制度试点效果。

①没有充分对接行业企业人才需求。以往，高职院校实训基地建设往往从学

校自身建设条件和课程开设惯性出发，对行业企业用人客观需求考量不足。在实训基地的规划、实验实训项目的开发和实验实训设备的采购上，未能真正以岗位职业能力和工作过程为导向，执行的标准也未统一，通常是理论授课一套标准、实验实训一套标准、岗位实习一套标准、用人单位一套标准，技术技能人才培养呈现出育人成效低、各方满意度低的态势。

②没有及时对接新技术、新工艺、新规范。学校实验实训设备受项目支持、采购周期、采购流程等客观因素的制约，更新率较低。以汽车发动机实训室为例，一些职业院校没有及时将新技术、新工艺、新规范纳入教学标准，实训使用的发动机技术陈旧，电控化程度低，学生毕业后很难再遇到相同机型。

③没有有效对接教师自身发展要求。教师是"三教改革"的主体，高校实训基地的建设者和使用者。高校相对封闭的工作环境、固定的岗位设置和职称导向的评价机制，不能有效促进教师主动研究行业企业发展变化、主动深入企业接受实践和锻炼，不利于创新型"双师型"教师队伍的建设。

（2）1+X"智能新能源汽车"实训基地的规划

按照书证融通的总体要求，建成后的"智能新能源汽车"实训基地应具备先进的运行机制、完善的管理体制和高度的信息化水平，集汽车专业理实一体化教学、实践教学、1+X证书培训考核、师资培训、企业培训为一体的多功能区域。书证融通总体要求如图5-4所示。

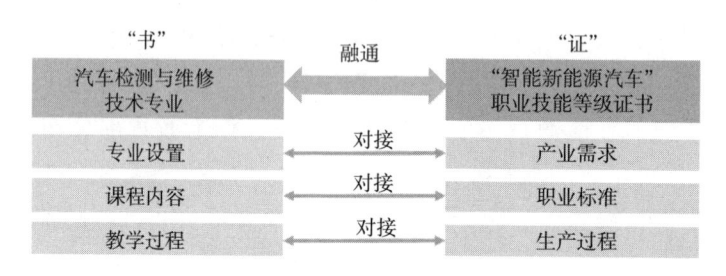

图5-4 书证融通总体要求

在满足教育部专业教学标准，保障学历证书的前提下，依据教育部指定评价组织北京中车行高科技有限公司《汽车运用与维修(含智能新能源汽车)职业技能领域职业技能等级标准》和《汽车运用与维修(含智能新能源汽车)专业培训、考核站设备与工具清单》，结合学校"1+X"证书试点内容及要求，规划建设智能新能源汽车实训基地，设置汽车动力与驱动系统综合分析技术实训室、汽车转向悬挂与制动安全系统技术实训室、汽车电子电气与空调舒适系统技术实训室、汽车全网网关控制与娱乐系统技术实训室和新能源整车实训室。每个实训室的场地规划、实训项目开设、设备工具采购根据职业技能等级证书的知识、技能和素养点配置，同时依据《中车行评价组织考评指南》要求，满足1+X证书制度试点任务对培训和考核的要求，设置16个标准考核工位，满足每张证书四个任务同时开考，支撑证书初级、中级和高级的考核（图5-5）。

汽车转向悬挂与制动安全系统技术实训室	汽车动力与驱动系统综合分析技术实训室	智慧教学管理区域
工位4　工位3　工位2　工位1	工位4　工位3　工位2　工位1	
考官2　　　　考官1	考官2　　　　考官1	
走	廊	
新能源整车实训室	工位4　工位3　工位2　工位1　工位4　工位3　工位2　工位1	
	考官2　　考官1　　考官2　　考官1	
	汽车电子电气与空调舒适系统技术实训室　　汽车全网网关控制与娱乐系统技术实训室	

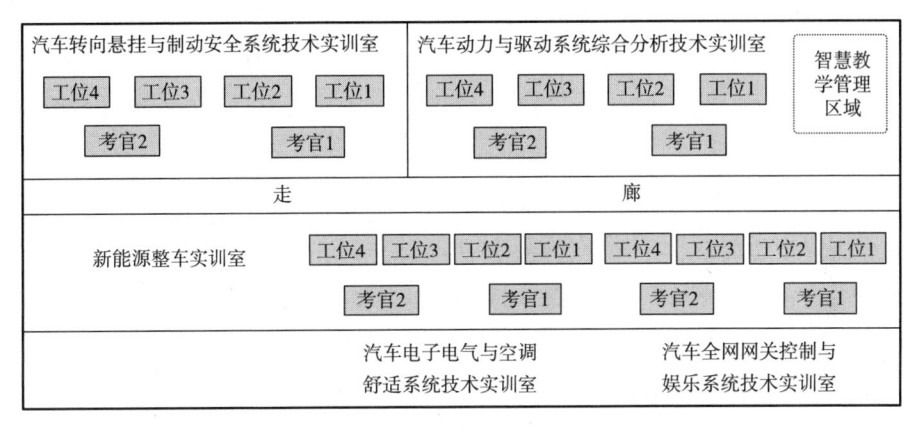

图5-5　"1+X"智能新能源汽车实训基地规划

为确保"1+X"证书制度实训条件建设标准（仪器设备配备规范）在职业院校落地实施，确保书证融通在无锡科技职业学院得以落地实施，"1+X"智能新能源汽车实训基地的建设贯彻国家职业技能等级标准，体现专业设置与产业需求对接、课程内容与职业标准对接、教学过程与生产过程对接这三个对接。

实训基地建成后能满足以下要求：首先，能提供安全可靠的"1+X"证书技能等级模块培训考核环境及配合考核项目配套的实训设备；其次，能提供先进且可以落地的培训考核组织和实施办法；第三，建成智能化教学管理系统和工位直录播系统。

充分运用资源云、物联网等现代信息技术，配套教学设施和设备，匹配数字化教学资源，借助信息化实训环境和手段，通过多种智能终端，以实现信息化、网络化、集成化、智能化。其中，信息化是将现代信息技术与教、学、练、评、管、考核六大环节深度融合，实现教育信息化。网络化是运用云计算、物联网、大数据等互联网技术，实现专业教学资源的共建共享。集成化是集成各类教学资源和功能，实现专业教学与自主教学一体化。智能化是运用一体化教学系统，实现教学者内容预习、授课智能化，资源利用、练习智能化，教学管理、评价智能化。

按照相关国家教学标准，根据教育部指定第三方评价组织北京中车行的指导，按标准建设符合"1+X"培训考核要求的智能新能源汽车实训基地，确保"1+X"证书制度实训条件建设标准（仪器设备配备规范）在学校不折不扣落地实施。按照职业院校依据国家教学标准自主制订人才培养方案的要求，在建设符合"1+X" 培训考核要求的智能新能源汽车实训基地的前提下，根据专业设置与产业需求对接、课程内容与职业标准对接、教学过程与生产过程对接的指导思想，围绕国家职业技能等级标准制订专业教学标准、课程标准、岗位实习标准、考核评价标准等，并且严格按标准实施，从而培养服务区域发展的高素质技术技能人才。

（3）智能新能源汽车实训基地的建设

建设五个实训室，一套智慧教学管理系统，一套直录播系统。

各实训室对照中车行《汽车运用与维修(含智能新能源汽车)职业技能领域职业技能等级标准》和《汽车运用与维修(含智能新能源汽车)专业培训、考核站设备与工具清单》进行设备工具配置，能满足汽车动力与驱动系统综合分析技术、汽车转向悬挂与制动安全系统技术、汽车电子电气与空调舒适系统技术、汽车全网网关控制与娱乐系统技术、汽车营销评估与金融保险服务技术、新能源汽车动力与驱动系统综合分析技术、新能源汽车转向悬挂与制动安全系统技术、新能源汽车电子电气与空调舒适系统技术、新能源汽车全网网关控制与娱乐系统技术九个模块初级、中级、高级的职业能力等级证书培训和考证（表5-1）。

表5-1 各实训室与"1+X"证书对照表

实训室名称	考核证书
1. 汽车动力与驱动系统综合分析技术实训室 2. 新能源整车实训室	1. 汽车动力与驱动系统综合分析技术（初级、中级、高级） 2. 新能源汽车动力与驱动系统综合分析技术（初级、中级、高级）
1. 汽车转向悬挂与制动安全系统技术实训室 2. 能源整车实训室	1. 汽车转向悬挂与制动安全系统技术（初级、中级、高级） 2. 新能源汽车转向悬挂与制动安全系统技术培训考核区（初级、中级、高级）
1. 汽车电子电气与空调舒适系统技术实训室 2. 新能源整车实训室	1. 汽车电子电气与空调舒适系统技术（初级、中级、高级） 2. 新能源汽车电子电气与空调舒适系统技术（初级、中级、高级）

续表

实训室名称	考核证书
1. 汽车全网网关控制与娱乐系统技术实训室 2. 新能源整车实训室	1. 汽车全网网关控制与娱乐系统技术（中级、高级） 2. 新能源汽车全网网关控制与娱乐系统技术（中级、高级）
1. 汽车动力与驱动系统综合分析技术实训室 2. 汽车转向悬挂与制动安全系统技术实训室 3. 汽车电子电气与空调舒适系统技术实训室 4. 汽车全网网关控制与娱乐系统技术实训室	汽车营销评估与金融保险服务技术

配套的智慧教学管理系统和直录播系统相结合，可以通过信息化手段解决一对多教学模式下的信息不对称问题和信息终端下的"做中学、学中做"，使学生在设备台架上进行技能学习和训练的同时，借助工位机进行技术资料查询，教师将演示过程在校园网直播，并实现教学资源的积累和建设。

汽车动力与驱动系统综合分析技术实训室设备配置：整车台架、电控汽油发动机实训台架、电控柴油发动机实训台架、发动机总成翻转架、手动变速器总成翻转架、电控自动变速箱总成、发动机零部件、发动机电控零部件；工具配置主要包含工具车、零件车、万用表、三节点尾排；信息设备配置4台工位机。

汽车转向悬挂与制动安全系统技术实训室设备配置：液压助力转向实训台、自动变速器实训台、电控悬架实训台、ABS/EBD制动系统实训台、转向系总成、液压制动系统总成、前桥总成、后桥总成、离合器总成、传动轴总成、前后独立悬挂系统总成、前后减震器总成、车轮总成、真空助力器总成、车轮动平衡仪、拆胎机、立式压床；信息设备包括83寸触控教学一体机和4台工位机。

汽车电子电气与空调舒适系统技术实训室设备配置：整车电器连接实训台（灯光、仪表、信号、音响）、防盗系统实训台、电动实训台（电动门窗、座椅、反光镜）、空调实训台（手动）、空调系统部件（压缩机、膨胀阀、CCOT管、储液干燥罐、蒸发器、冷凝器、鼓风机）、交流发动机、起动机、蓄电池、充电机、汽车电器零部件（继电器、开关、点火线圈、点火线等）、空调制冷加注回收机；其他设备配置包括满足40人教学培训的活动桌椅、操作台；信息化设备包括83寸触控教学一体机和4台工位机。

汽车全车网关控制与娱乐系统技术实训室设备配置：4辆整车、CAN/MOST/

LIN总线实训台、车载网络系统部件、小型超薄剪式举升机、大型超薄剪式举升机、龙门式双柱举升机、工具车、零件车、四轮定位仪、尾排（四节点、滑轨式）；其他设备包括工位桌和工位椅；信息化设备包括4台工位机。

新能源汽车实训室设备配置：纯电动汽车（半剖）、检测板、学生检测考核台、动力电池实训台、充电实训台、驱动电机实训台、高压部件；其他设备包括高压部件摆放操作台；信息化设备包括工位机和83寸触控一体机。

（4）书证融通在"1+X"智能新能源汽车实训基地的实践

将"X"证书培训项目纳入人才培养方案，是实现课程体系与行业标准对接，完成书证融通顶层设计的主要方法。在融通的过程中，课程体系的对接、教学进程的对接和考核评价的对接是重点，这三个对接的物理场地均在"1+X"智能新能源汽车实训基地，因此实训基地的建设成效是书证融通实施的重要保障。

①课程体系的对接。将汽车专业人才培养方案，在满足教育部专业教学标准的前提下，对标"X"职业技能等级证书进行修订，课程体系中实施书证融通的主要是专业核心课程，其与"1+X"证书的对接如图5-6所示。

专业核心课程	职业技能等级证书项目模块
汽车动力系统检修	模块1-1 汽车动力与驱动系统综合分析技术
汽车驱动系统检修	
汽车电气系统检修	模块1-2 汽车转向悬挂与制动安全系统综合分析技术
汽车空调与舒适系统检修	
汽车转向悬挂系统检修	模块1-3 汽车电子电气与空调舒适系统综合技术
汽车制动安全系统检修	
汽车全车网关系统检修	模块1-4 汽车全车网关控制与娱乐系统技术
汽车娱乐系统检修	
新能源汽车驱动电机及电池系统检修	模块2-1 新能源汽车动力驱动电机电池技术
新能源汽车底盘检修	模块2-2 新能源汽车悬挂转向制动安全技术

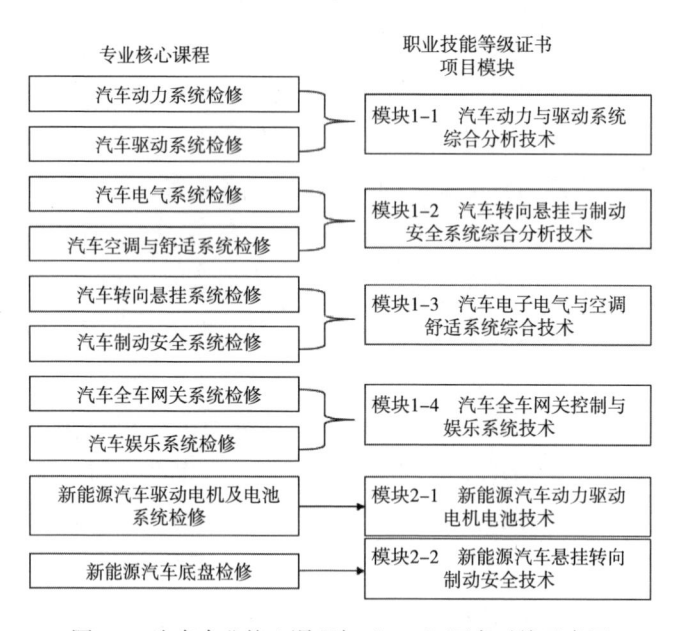

图5-6　汽车专业核心课程与"1+X"证书对接示意图

②教学进程的对接。确立了课程体系后，如何与三年制高职6个学期进行匹配，制订出既能满足"1+X"考证需求，又能符合学校日常管理规范的教学进

程，是很大的挑战，为此专业教研室会同企业专家，展开了充分的调研和研讨，最终确立的教学进程见表5-2。

表5-2 书证融通的教学进程表

学期	周次																			
	1	2	3	4	5	6	7	8	9	10	11	12	13	14	15	16	17	18	19	20
3	汽车动力系统检修						汽车驱动系统检修				能源汽车驱动电机及电池检修						汽车电气系统检修			
	模块汽车动力与驱动系统综合分析技术（中级）										模块新能源汽车动力驱动电机电池技术（中级）									
	1	2	3	4	5	6	7	8	9	10	11	12	13	14	15	16	17	18	19	20
4	汽车空调与舒适系统检修			汽车转向悬挂系统检修			汽车制动安全系统检修			汽车全车网关系统检修			汽车娱乐系统检修		新能源汽车底盘检修					
	模块汽车电子电气与空调舒适系统技术（中级）			模块汽车转向悬挂与制动安全系统技术（中级）						模块汽车全车网关控制与娱乐系统技术（中级）					模块新能源汽车悬挂转向制动安全技术（中级）					

借鉴国际先进做法，汽车专业"1+X"的教学实施拟采用"集中排课，学完即考"的策略。以第三学期为例，6个学分的汽车动力系统检修集中安排在1~6周进行，4学分的汽车驱动系统检修集中安排在7~10周进行，每周32节课，教学场所安排在"1+X"培训考试中心，采用理实一体化现场教学的方法，教学内容对接职业技能等级标准。

这两门课程对应的是"1+X"汽车运用与维修证书中模块1-1汽车动力与驱动系统综合分析技术（中级），完成10周书证融通的教学后，学校考试中心会在第10周的周末安排这个模块证书的认证。以此类推，11~14周集中安排汽车电气系统检修，15~17周集中安排汽车空调与舒适系统检修，两门课程对应模块1-3汽车电子电气与空调舒适系统技术（中级）。17周末安排该模块证书的认证。

为确保学习效果，所有课程教学均在"1+X"智能新能源汽车实训基地各区域内实施，利用理实一体化和高度信息化的学习环境，帮助学生掌握课程内容、完成证书考核。

③评价考核的对接。书证融通方案中，重点设计了学历教育与证书考核的评价考核的对接。引入教育部指定评价组织北京中车行《汽车运用与维修（含智能新能源汽车）"1+X"证书制度—职业技能等级标准》《汽车运用与维修（含智能新能源汽车）题目设计方案》和《中车行评价组织考评指南》，按照情意面、技能面、作业面、信息面、工具及设备的使用能力、分析面等进行每一门课程的评价考核方案设计。注重教学过程的管理与评价，在每门课程的教学完成后，不再单独设置期末考试，要求每位学生参加课程对接证书的考核，针对学历教育与证书认证设置不同的及格门槛，60分为学历证书中学分获得的及格线，80分为职业技能等级证书的认证及格线，兼顾学生个性化的学习需求与"一专多能"复合型人才的培养，凸现"以学生为中心"的理念。

（5）"1+X"智能新能源汽车实训基地的建设成效

2019年以来，学校依托"1+X"智能新能源汽车实训基地，在遵守考核要求的前提下，微调考题及配分表，形成适合于本校、本地行业企业的培训内容、培训课件、考题及配分表，实施课程内容与职业标准对接、教学过程与生产过程对接的过程，完成对首次试考的考题验证工作，先后完成了全省首张智能新能源汽车职业技能等级证书的认证、全国首张汽车营销中级证书的认证，成为江苏省内率先完成教育部2019年度"1+X"试点年度目标任务的学校，并真正实现了"书证融通"。

汽车营销评估与金融保险服务技术（中级）证书包含四个项目的认证，分别为二手车评估作业鉴定技术、保险理赔与三包作业技术、电子定损计算机应用技术、客户信息管理与数据应用。四个项目充分考察了二手车评估师、保险理赔员、查勘定损员和客户信息管理专员的岗位专业技能。学校汽车营销课程教学团队面对挑战全力以赴，除完成包含考题验证结论、线上三种以上的二手车估价计算器、线上三种以上的查估系统比较、详细的培训方案和全套教学课件在内的活页式教材外，自主开发了既能对接真实岗位，又能适用学生训练考评的客户信息管理系统，设计了交通事故现场照片上传APP及事故现场沙盘模型，配合沙盘事故同步的车损贴纸，模拟出汽车车身覆盖件、车架、整车性能共计九处伤痕，逼真还原交通事故现场，综合考查学生事故定责能力、伤痕判别能力、维修方案确定能力、维修价格对比能力、查勘流程作业能力。整套培训方案和培训教材获得了北京中车行的高度评价，并被中车行官网推荐，面向全国推广。

5.2.4 在线开放课程"云思政"的探索与实践

《汽车发动机构造与维修》是无锡科技职业学院汽车检测与维修技术专业（2021年更名为汽车制造与试验技术专业）的一门专业核心课，2018年被评为江苏省在线开放课程，课程立足中国大学慕课平台建设"云课程"，创新"云思政"，坚持社会主义核心价值观的课程育人导向，以思政内容与专业内容互融、课程标准与职业技能等级标准互融、师生共长与课程推广互融为建设要点，以引导学习者树立正确的人生观、世界观及价值观，掌握适应时代发展的汽车发动机维修专业技能，具备良好的职业道德，培养劳动观念和工匠精神，增强职业使命感和社会责任感，积极的学习态度和严谨求实的职业态度为建设目标，培养懂技术、会管理、明事理、有理想的新时代汽车工匠。

（1）建设路径

本课程以学生为中心，结合人才培养目标、课程标准和课程特点，深入挖掘思想政治教育资源，完善课程内容，改进教学方法，探索创新课程"云思政"建设模式和方法路径，将课程思政建设目标融入课程教学全过程，潜移默化地向学生传递正能量。

①思政内容与专业内容互融。"教之以事而喻诸德"，课程教学团队遵循职业教育类型特点，坚持"扎根中国汽车产业办职业教育"的办学路径，以在线开放课程云平台为阵地，引导当代青年学生运用科学思维方法，培养问题解决的能力，从中华民族传统美德中汲取道德滋养，从劳动模范和工匠大师身上感受道德风范的力量。

②课程改革与三教改革互融。"善之本在教，教之本在师"，教师的德育水平和业务能力决定了"思政"建设效果，课程教学团队深入贯彻《国家职业教育改革实施方案》，专注"教师、教材、教法"改革，锤炼教师师德、师风和教学水平，如春风化雨般把科学方法、红色基因、工匠精神、中华优秀传统文化等思政元素融入课程中，形成"思政+课程"有机交融的价值"营养液"。

③师生共长与课程推广互融。"青出于蓝而胜于蓝"，在"汽车发动机构造与维修"的云课堂上，教师和学生通过资源共享、作业任务、分组讨论等教学活动，实现师生共同成长。通过建设高品质课程资源，形成汽车发动机构造与维修的课程思政资源库，促使课程常用常新，任课教师和学生共同融入课程建设之中，形成课程思政的学习共同体。

（2）建设成效

《汽车发动机构造与维修》课程继2018年获评江苏省在线开放课程、2019年获评无锡市精品课程，2021年获评无锡市职业教育质量提升攀登计划"思政教育示范项目"。课程在中国大学慕课MOOC（表5-3）首次开课就有10233名学员参与学习（图5-7）；课程资源还登陆机械工业出版社九州云播平台，点播量超过5000人次，辐射面广，美誉度高。

表5-3 中国大学慕课MOOC课程资源数据

资源类型	数量/个	线上浏览量/人
视频	103	44466
文档	217	31588
富文本	145	1229
习题	239	4534
讨论、答疑	活跃	

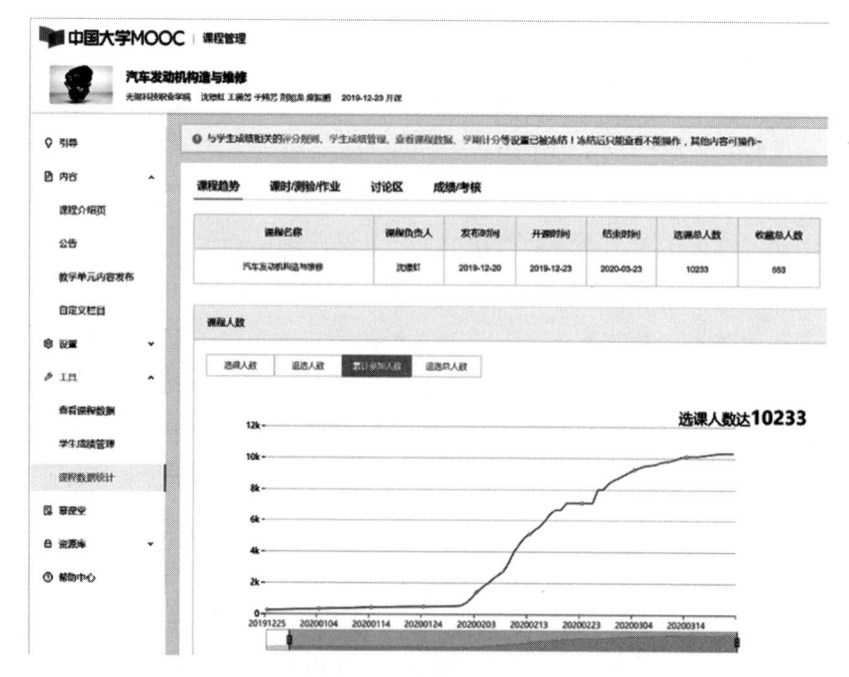

图5-7 "汽车发动机构造与维修"第一轮线上选课人数

课程在每节课均设置课程思政目标，原创性开发"汽车发动机课程思政系列微课"（图5-8、表5-4），将社会主义核心价值观融入课堂，教书与育人协调统一，实现立德树人的课程思政总目标。

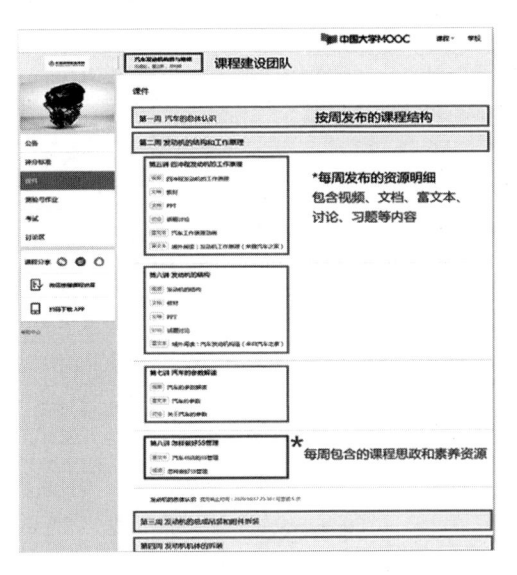

图5-8 "云课程"课程架构

表5-4 "云思政"课程体系

开课周次	"云课程"目录	"云思政"教学资源		"云思政"目标达成
		形式	内容	
1	汽车的总体认识	微课	汽车的昨天今天明天	通过新中国汽车工业奋斗历程和建设成就的全景展示，激发学生的历史使命感和职业担当
		微课	火神山和发动机	以火神山建设延伸至发动机各零件的构成，使学生明晰个体与集体的关系
		短视频	五菱爱中国	从"祖国需要什么五菱就造什么"激发学生爱国之情
		PPT	有情有义有担当—抗击新冠疫情的大国汽车企业	以车企在新冠疫情面前的作为，增强学生的责任担当意识
2	发动机的结构和工作原理	微课	怎样做好5S管理	深入讲解汽车人职业素养，潜移默化地浸润职业精神
		富文本	汽车4S店5S管理	典型案例浸润工匠精神
		PDF	秋山木工的匠人须知	

续表

开课周次	"云课程"目录	"云思政"教学资源		"云思政"目标达成
		形式	内容	
3	发动机的总成吊装和附件拆装	微课	怎样进行有效沟通	激发学生自我成长驱动
		富文本	MBA智库的沟通知识	开阔眼界，激发成长需求
		讨论		互动深化思政教育
4	发动机机体的拆装	微课	怎样建立团队	以发动机拆装谈团队建立，培养学生团结协作精神
		富文本	TOP GEAR	以喜闻乐见的形式引导学生认识团队价值
		讨论		互动深化思政教育
		企业工匠进校园	奇瑞捷豹路虎整车制造工艺介绍	邀请校企合作企业工程师进课堂，培养学生专业精神和职业意识
5	发动机机体的检修	微课	怎样运用头脑风暴法	从发动机机体组故障诊断的头脑风暴法，引导学生增强解决问题的能力
		富文本	头脑风暴组织技巧	
		PDF	世界技能大赛汽车工匠	榜样引领学生成长成才
6	曲柄连杆机构的检修（上）	微课	怎样运用因果分析法	因果分析图法解决曲柄连杆机构安装问题，引导学生掌握科学的研究方法
		PDF	石川馨简介	
7	曲柄连杆机构的检修（下）	微课	怎样运用思维导图	以思维导图展示发动机工作原理，引导学生透过现象看本质，把握事物根本规律
		讨论		互动深化思政教育
8	配气机构的检修（上）	微课	怎样运用流程图法	以流程图指导气缸压力测量，增强学生工作流程意识和规则意识
		讨论		互动深化思政教育
9	配气机构的检修（下）	微课	怎样提升表达能力	促进学生提升学习能力和自身综合能力
		微课	如何撰写报告	提高学生核心职业能力
		讨论		互动深化思政教育
10	润滑系和冷却系的检修	微课	怎样提升时间管理	增强学生自我管理的意识
		微课	怎样提升执行力	引导学生提升执行力，成就自我
		微课	怎样提升法规意识和道德情操	增强学生汽车领域的规则意识和道德情操
		讨论		互动深化思政教育

（3）建设特色

本课程坚持社会主义核心价值观，落实教书育人根本任务，坚持德技并修，具备价值塑造、能力培养、知识传授"三位一体"的人才培养目标，能够充分激发学生成才愿望，凸显汽车行业职业教育类型特色。

①立足"云课程"，创新"云思政"。本课程依托在线开放课程云平台，坚持社会主义核心价值观的课程育人导向，创新实施思政内容与专业内容互融、课程标准与职业技能等级标准互融、师生共长与课程推广互融的云思政育人模式。引导广大学习者把习近平新时代中国特色社会主义思想"融心入魂"，在掌握汽车发动机专业知识和技术技能的过程中，形成善于运用马克思主义立场、观点、方法分析和思考问题，走向工作岗位后能够以"一技之长"服务社会的价值取向。

云课程受众群体大，辐射效果好，每节课设计思政小目标，有机融入专业教学，每章节设计思政阶段目标，形成思政与专业相互交融的云思政课程体系，思政教学贯穿育人全过程。数据显示，《汽车发动机结构与维修》云课程参与人数多，资源类型多样，学生喜闻乐见，可充分激发学生成才愿望。课程思政育人成效突出，2019级汽修专业学生张含雪，立志成长为汽车行业的技术技能人才，事迹被光明网、学习强国平台、江苏广播电视台等多家主流媒体宣传报道。

②资源建设突出思政元素的系统性。本课程"云思政"受众广泛，资源包括微课视频、拆装视频、动画、活页式教材、PPT、教案、富文本、图片、习题等，依托中国大学MOOC平台，实现了线上线下混合式教学。课程在中国大学慕课MOOC平台第一轮开课结束时，选课学生人数达到10233人，为同期中国大学慕课MOOC全网汽车类在线开放课程单次开课参加人数最多的课程之一。项目资源建设成果丰硕，近年来微课、课堂实录、课程设计、教材均获得国家级、省级奖项。目前，课程资源还在持续更新建设中。原创开发"汽车发动机课程思政系列微课"，在专业课中深入挖掘思政元素，从爱国情怀、道德情操、团结协作、科学思维、职业素养等方面系统展开，将思政教育具象化，如春风化雨般将社会主义核心价值观融入课堂，教书与育人协调统一，实现立德树人的课程思政总目标。

③校企协同育人彰显思政元素的实践性。引入奇瑞、捷豹、路虎等汽车企业先进的现代化企业规范和职业标准，将教学过程与生产过程对接，注重培养学生职业素养和职业精神，坚持德技并修，在精益管理体系下锻造工匠精神，建设符

合职业教育类型特征的在线开放课程。奇瑞、捷豹、路虎的精益管理体系结合中英双方母公司的企业标准,兼容国家安全生产标准化体系和ISO 45001国际健康安全体系,能促进学生全面发展,实现全过程零事故的工作目标。本课程的教学内容全面对接精益生产、三级安全、AED急救、线束插接、改善创新、质量意识的养成与提升、高素质员工行为规范等企业培训内容,校企协同育人切实促进学生全面发展和就业,提高了职业教育人才培养质量。

5.2.5 岗位实习

(1)阻碍岗位实习工作深入开展的难点、痛点和堵点

顶岗实习是职业院校推进学生全面加强劳动观念、系统增强实践能力、深化培养解决问题能力的教育教学最重要环节,是由学生身份向职业人角色转换的有效途径,也是以促进就业为导向,打通更充分和更高质量就业的"最后一公里"。然而,在实际操作中,还存在着岗位实习的"拦路虎",存在阻碍岗位实习工作深入开展的难点、痛点和堵点。

①难点。实习管理的标准化难以实现。一些学校忽视紧密型校外实习基地的开发,实习岗位容量有限,难以开展规模化、成建制的集中性岗位实习;由于集中性岗位实习管理难度大,一些学校畏难情绪严重,一些干部和教师责任意识淡薄,集中性岗位实习"虎头蛇尾",对于实习生离岗束手无策、不了了之;而对于分散性岗位实习和自主性岗位实习,一些学校没有明确具体的岗位实习企业资格条件,对实习学生的工作内容与要求也很宽泛。由于缺乏对于岗位实习重要性的认识,重校内教学,轻校外实践,加之学校内部质量保障制度不健全,造成岗位实习管理流于形式、管理粗放、指导缺失,岗位实习的教学质量得不到保障。

②痛点。岗位工作的学习化低位运行。一些企业岗位实习中岗位的技术技能层级较低,缺失岗位阶梯培养计划,难以做到多岗位轮换,指导师傅人数不足、技术水平和带教能力参差不齐。这些企业重使用、轻培养,管理简单、缺少人文关怀,现代学徒制的实践形式大于内容,实习生一进入企业就感受到成长的"天花板",挫伤了实习的积极性,导致思想波动起伏,重点培养对象流失率较高,企业管理成本居高不下,既没有达成岗位实习的教学目标,又影响了企业的生产经营。

③堵点。职业素养的体系化建设薄弱。部分学生没有认识到岗位实习是自身学生身份向职业人角色转换的有效途径,不能适应企业规章制度的严格要求;部

分学生疏于德、失于信、弱于体、缺于劳，消极对待岗位实习；还有部分学生升学愿望强烈，不能妥善处理好岗位实习与专转本复习迎考的关系，岗位实习的主动性和积极性不高。

（2）集中性岗位实习的开展

无锡科技职业学院坚持问题导向，从供给侧和需求侧两端发力，以学生更充分和更高质量就业为目标，以集中性岗位实习作为推进教育教学改革、人才培养模式改革的动能，以校企党建联盟和产教深度融合企业为载体，破难点、消痛点、去堵点，有力推动岗位实习的深入开展，使学生在担当中历练、在尽责中成长，人才培养质量全面提高，为新发展阶段江苏产业强链和无锡高新区产业集群争当表率、争做示范、走在前列，提供技术技能人才的坚强支撑。

①以"双强化"夯实基点，硬化岗位实习管理。《韩非子·解老》云："万物莫不有规矩。"岗位实习标准化建设是保障岗位实习有序开展的基点。学校以制度设计与落实为抓手，增强岗位实习管理的科学性、严肃性和纪律性；以专题培训和教学考核为抓手，形成有效的激励与约束，增强专业教师、班主任和辅导员的课程思政意识与学生管理能力，以及岗位实习管理的责任感；以学生岗位实习学分评定为抓手，学校评价与企业评价相结合，过程评价与结果评价相匹配，进行公开、透明、量化的硬核考核。

一是强化集中性岗位实习的主体定位，基于专业群和跨专业类别的专业组合，积极寻求具备先进生产力的现代化大企业成为校外实习基地。如2021届毕业生岗位实习进入全球汽车样板工厂奇瑞、捷豹、路虎汽车有限公司常熟工厂100人、中国工业互联网的头部企业苏州汇川技术公司20人、世界500强企业无锡村田电子有限公司30人。

二是强化顶岗位实习分类管理，明确学生分散性岗位实习和自主性岗位实习的补充定位，将德技并修作为重点评价内容，形成分散性岗位实习和学生自主性岗位实习管理的个性化刚性规定，以鲜明的评价导向规范学生顶岗实习行为。

②以"双促进"撬动支点，深化岗位实习内涵。"纸上得来终觉浅，绝知此事要躬行。"岗位实习的岗位学习化建设是保障岗位实习高质量的支点。学校通过产教对话，凝聚校企共识，努力做好学校人才培养规律和企业生产经营规律的平衡，岗位实习的岗位群与相关专业的技术领域和主要岗位群能够精准匹配，突出岗位实习岗位的竞争性、挑战性、高端性与育人性。

一是促进用学结合，深入推进工作过程与教学过程的对接。在学与用的关系处理上，学校教师往往重学轻用，企业师傅往往重用轻学，导致学用脱节。无锡村田电子有限公司制订岗位实习理实一体化培训计划，营造顶岗实习的职业情境，师傅以实际项目为载体，把工作现场带入课程，把生产车间转化为学习车间，以技术变革改变学习方式，指导学生不仅知其然而且知其所以然，举一反三，学以致用，增强学生的学习兴趣和学习能力，真正实现产教跨界融合。

　　二是促进企业实习生培养长效机制的建立健全。学校合作企业的机制各有优势，如苏州汇川技术公司2020年首次向高职实习生开放面向本科生的市场销售工程师岗位，公司明确徒弟不出师，师傅不能晋级，从机制上压实"师带徒"的责任；无锡村田电子有限公司设立企业大学，岗位实习岗位锚定设备保全技术员岗位，实习期结束、毕业转正，即定级C系列第二等级，经过定期考核，能够在高技能C通道上持续晋级，如果毕业生经考核确认具备管理能力和设计能力，可以跳转到以本科生为主的工程师系列D通道上发展，以此激发学生不断突破成长的"天花板"；奇瑞捷豹路虎汽车有限公司常熟工厂则实行实习生竞争上岗模式，设立设备维修保养、质检等多种技术技能岗以及NGI刷机、增强实验等研发岗，实习生通过在奇瑞大学岗前集训考核评定，在待遇不同的不同等级岗位直接上岗，鼓励学生奋发向上。

　　③以"双引导"扭住重点，活化岗位实习成效。英国著名文学家狄更斯曾经说过："一个健全的心态，比一百种智慧都更有力量。"岗位实习期间出现的很多问题，根本还在于实习生在校学习期间的育人工作不够扎实。职业素养的体系化建设是保障岗位实习取得成效的重点。学校以社会主义核心价值观为引领，校企协同"三全育人"，将抽象的"弘毅守正、盈科匠心"校训转化为时时处处事事人人的育人生动实践，使学生牢固树立正确的职业价值观，充分认识岗位实习的意义，自觉遵守岗位实习管理制度，养成思想自觉和行动自觉。

　　一是开展定制化培养，引导学生成长成才需求与企业发展需求相适应，激发学生参加岗位实习的内生动力。无锡村田电子有限公司在校内投入系列设备建立村田现代学徒制培养中心，校企合编活页式工单教材，日方总经理到校为订单班讲授职业素养第一课，企业专家深入第一课堂讲授专业核心课程，企业导师活跃在第二课堂指导学生创新社团，结合节能、安全、职业健康等公司管理理念在厂内建立面向学生的EHS体验馆，将企业文化以及企业管理制度导入校园，使学生切实感受到企业浓厚的文化气息、人文关怀和企业形象的正能量，养成职业意识、职业认同和职业情感，树立对未来职业发展的信心。

二是满足学生个性化、多样化需求，引导企业的社会责任与学生的全面发展相适应。无锡村田电子有限公司以为社会培养有用的人才为价值取向，校企合作制订的人才培养方案坚持面向全体学生，着眼于培养学生的国际视野和家国情怀，既强调岗位的针对性，又突出职业的适应性、人的发展和人的现代化，岗位实习阶段的先进技术、精益管理、经营理念的集成训练，为学生创造了人生出彩的机会，为学生扎根中国大地、在广阔的新天地就业创业奠定了坚实基础。

5.3 外资企业人才培养典型案例

5.3.1 无锡村田电子有限公司人才培养案例

无锡村田电子有限公司是日本村田集团在海外设立的最大生产基地。公司注重ES（员工满意度）和CS（客户满意度），通过汇集先进技术和人力资源，为客户提供新的价值，开创电子行业的未来。村田公司在无锡拥有两个工厂，员工人数已超过1万人，2020年产值比2015年增长80%，主要产品为片状多层陶瓷电容器、兆赫兹陶瓷振荡器、角度传感器等，应用于智能手机、计算机、AV设备、家电产品等电子领域和汽车、能源、医疗保健等领域。公司与无锡科技职业学院于2004年缔结了校企合作关系，先后在学校设立"村田奖学金"，开设"村田书屋"，组建"村田实训室"，资助智能制造名师工作室，建立创新创业孵化站、开展产学研共推互聘项目等，在师资共享、课程共建、员工共培、基地共建、文化互通等诸方面通力合作，共建现代学徒制教育中心，积极探索适应高职人才培养目标的现代学徒制人才培养模式。截至2021年，公司累计接收学生就业已达500人，颁发村田奖学金80万元，捐赠图书价值17万元，合作出版教材2部，共建《自动控制原理与系统》《传感与检测技术》等课程5门。校企双方本着"平等、互惠、共进"合作方针，全方位递进式发展全面合作战略伙伴关系。

（1）员工发展体系建设

公司作为一家制造型企业，如何将产品从低附加值向高附加值转化，如何面对制造智能化、工业4.0的挑战，如何在激烈的竞争中持续保持稳定、高质量的供货，是企业面临的重要问题。提高员工的技术能力和综合素质，培养一支高素质人才队伍成为工作的重中之重。因此，公司从2005年起开始搭建以学习型组织为基础的员工发展体系，2019年已较为完善，2020年丰富了体系内容，制定了在各个类型的员工中都要培养"专家中的专家"这一目标。

在建设学习型组织的过程中，公司高度重视一线员工的学习成长，提出了全程学习（各部门、各职能岗位）、全员学习（各级各类员工），全景学习（随时随地、学习环境）的"三全"理念，让学习充分地融入员工的工作和生活中；让学习型组织真正涵盖各个群体，形成了具有自身特色的员工发展体系。

（2）员工发展体系培养目标

公司对员工进行分类培养，根据岗位不同，把员工分为管理者、管理人员、技术员、班组长和一线员工五个类型。所有员工在刚进入公司时都是"新人"层次，每一类型的员工在"新人"层次之后都有三个层次的培养目标，即第一层次是"标准"层次，第二层次是"专家"层次，最高层次是"专家中的专家"层次（表5-5）。以高职毕业生所在的"技术员"类型为例，在"标准"层次的培

表5-5 公司各类型人才培养目标

层次/类型	一线员工	班组长	技术员	管理人员	管理者
专家中的专家	1．挑战精神 2．高级指导者 3．企划力	1．构筑班组文化 2．改善士 3．现场统括力	1．挑战精神 2．设备改造和知识管理 3．下级育成力	1．挑战精神 2．业务革新力 3．组织协调力	1．全球化意识 2．主管业务的影响力（社会） 3．经营力
	↑	↑	↑	↑	↑
专家	1．团队合作 2．原理原则的理解力 3．指导力	1．渗透班组文化 2．QCC推进者 3．下级育成力	1．责任感 2．综合应用保全技能 3．课题形成力	1．原价意识 2．业务改善力 3．下级育成力	1．全体最合适意识 2．主管业务的权威（公司） 3．构想力
	↑	↑	↑	↑	↑
标准	1．凡事彻底 2．能按照基准实施 3．协调性	1．实践班组文化 2．QCC组长 3．沟通激励力	1．凡事彻底 2．能够进行基本保全 3．沟通力	1．凡事彻底 2．业务执行力 3．自我启发力	1．人脉构筑 2．主管业务的专家（部门） 3．人和组织的管理力

注 原价意识：原价指制造现场及制造辅助部门的变动成本、原材料成本、动力成本、劳务费、消耗品等费用。原价意识指管理人员中的专家要有努力降低原价以提高利润的意识。

养目标是"凡事彻底的工匠精神、能够进行基本保全、沟通力";在"专家"层次的培养目标是"责任感、综合应用保全技能、课题形成力";在"专家中的专家"层次的培养目标是"挑战精神、设备改造和知识管理、下级育成力"。除此之外,另有外国语研修、海外研修、针对社内讲师提升的社外研修等,所有员工学习成果都直接与薪酬和晋升挂钩。所有类型和层次的培养都是为了完成公司人才开发的使命,即至臻制作、敦传励承和昂志鼎新。

管理人员的"专家"级三个要求是挑战精神、业务改善力、部下育成力。

QCC:Quality Control Circle,品管圈,指一线班组长持续性地进行对产品、服务、工作等的质量管理及改善的小组。

(3)员工培养实施过程

公司对不同类型员工在不同社龄状态下持有相应等次的知识储备和技能水平有着清晰明确的规划要求,公司的教育培训贯穿了员工在村田的整个职业生涯。根据"人岗适配"原则,员工可以沿同一类型发展到底,也可以中途要求换不同类型发展,也可能被公司要求换类型发展。公司在具体实施人才培养时,根据培养的类型、层次和内容不同,分别由村田中华圈人才开发学院(全社级)、部课教育系(部门级)和部门属教育科(科级)三类教育层级来承担,不同的教育层级有着不同的业务分担。以高职毕业生为例,类型为技术员,初始岗位为设备保全,每个保全员在公司都按照"新人→标准→专家→专家中的专家"发展路线前进。新人阶段为一年,新人技术员要接受公司文化、经营理念、规章制度、安全管理、机械电气基础知识、手加工实习等的培训。新人阶段的统一培训之后,第二年开始结合具体工作内容开展教育,针对高职毕业生的设备保全岗位,开展润滑技术、空压机器、伺服电动机、PLC等专业技能培训。高职毕业生从设备保全的初始岗位走上一线监督者职位后,公司开展沟通与交流、员工激励、团队合作、业绩考核、时间管理、现场品质管理等一线监督者管理能力培训。如果今后继续发展,走上高层管理者职位,将参加由社级人才开发学院举办的"三社教育"(无锡村田电子、无锡村田新能源和深圳村田电子三家公司共通的高级别培训)等高级别培训。培训内容分必修内容和选修内容,员工必须参加必修培训,同时根据自己的需求和不足选择参加选修培训。人事部门负责对每次培训做好记录,包括时间、地点、内容、考试成绩等,培训成果与薪酬调整、职务升迁直接挂钩。

(4)人才培养特色和实际成效

公司每年从学校招收20~30名学生成立村田冠名班,校企联合进行冠名班学生培养；学生毕业正式进入公司后，公司按照员工发展体系继续对员工开展各类培训。基于学习型组织员工发展体系的建立，对提高员工的职业稳定性、提高产品质量和生产效率、丰富产品线等产生了很好影响。通过学习型组织的建设，高职毕业生经过企业的有效培养和自身努力，都能获得较好的发展并成为公司的栋梁之材：截至2020年，一线职工晋升为班长的超过160人、比例达到35%，管理人员有20余人、比例达到5%，职业生涯发展路径得到不断优化。员工离职率从多年前的5%左右降低至2020年的2%以下，在制造行业中独树一帜。公司由于在学习氛围营造、企业文化建设和员工培养发展方面成绩卓越，2017年获得中央精神文明建设指导委员会授予的全国文明单位称号，2018年获得中华全国总工会授予的"模范职工之家"称号，2019年获得中华全国总工会授予的"职工书屋"称号，并被确定为江苏省产业工人培训改革试点企业。

5.3.2 阿尔卑斯（中国）有限公司无锡研发中心人才培养案例

阿尔卑斯（中国）有限公司无锡研发中心是阿尔卑斯阿尔派电气株式会社于2014年1月在无锡设立的独资企业，主要从事通信软件以及面向智能手机等各种电子元器件的设计开发工作，是集团主要核心成员。公司现有员工近百名，其中研发人员70多名，以先进的设计思维引领全球电子零部件产业变革，以至高的用户体验成为连接企业和消费者的纽带。公司与无锡科技职业学院于2006年签订校企合作协议，组建阿尔卑斯冠名班，校企共同向学生授课、举办专家讲座、带领学生参观工厂等，让学生在毕业前进入公司实习，体验真正的工作内容和企业文化。在此培养基础上正式进入公司的学校毕业生，更能适应阿尔卑斯的企业文化和管理要求。

（1）员工发展体系建设

公司把人才培养当作"一号工程"，秉承以人为本的用人宗旨，信奉"决胜在人"，视员工为企业的第一资源和宝贵财富。公司尊重每个员工实现自我的愿望，鼓励每个员工挑战更高水平的工作，培养员工成为有创造性和自主性的专业人才。公司通过建章立制实施人才培养工作，在培养过程中重视每位员工的自身优势和个性特长，充分调动员工的学习积极性，实现公司人力资源的优势互补和有效利用，最终提高公司的整体工作效率，同时使人才实现自我增值。

（2）员工发展体系实施目标

公司有完善的教育培训体系，不仅包括技术层面的内容，更包含提高员工个人综合素质的内容。每个希望挑战和成长的员工，都有机会接触到从企划、研发、制造、销售到售后的全模块内容;公司结合员工的个性特点和优势特长,为每位员工设置职业生涯目标,根据目标实施企业人才培养。最初新员工进公司,先从事基础工作,如产品评测、简单零件制图,进而进行相关产品细化的材料、力学、仿真等深入的学习和培训。随后,根据员工的特长进行管理类课程培训,并根据员工意愿,提供机会让员工向技术营业岗、技术企划岗和技术管理岗发展。通过不断让员工参与公司的各项活动、组织和策划,努力提升技术岗员工的全方位思维能力和综合管理能力。同时,公司依托丰富的国际化资源,积极为员工创造海外培训及海外工作机会,助力员工成为国际化复合型人才。

(3)员工培养实施过程

阿尔卑斯公司有较为完善的培训体系,按照不同人员类型和发展所处阶段,制定培训课程内容和要求。所有员工最初都作为新人进入公司,接受公司统一的新人培训,内容包括公司经营理念、价值观、品质方针、安全卫生、5S教育、规章制度等。正式进入工作岗位后,公司培训体系大致把人员分为四类:技术职、指导者、监督者、管理者;每类人员都有自己的必修培训(◎)、选修培训(○)和上级指定培训(△);培训内容包括品质管理、改善技术、研发技术、安全、财务、信息、社内人际、国际交流等各个方面(表5-6)。

表5-6 培训体系

分类/项目	基本项目	品质管理	改善技术	研发技术	国际化	……
管理者	◎管理者培训		○IE高级	○高级设计	△日语、英语	
监督者	◎监督者培训	○QC讲师培训	○IE中级	◎高级设计	△日语、英语	
指导者	◎指导者培训	○统计手法	○IE初级	◎中级设计	△日语、英语	
指导者候补	◎指导者基础培训	○QC七道具		○中级设计	△日语、英语	
中坚员工	○中坚员工培训			◎初级设计	△日语、英语	
新人员工	公司经营理念、价值观、品质方针、安全卫生、5S教育、规章制度等					

注 IE,industrial engineer,指工业工程,或从事工业工程的人。

QC七道具：也称QC七大手法，是指企业质量管理中常用的质量管理工具，一般指分层法、调查表、排列法、因果图、直方图、控制图和相关图。

无锡科技职业学院机电一体化专业的2016届毕业生张玉翔，以技术助理的身份进入企业，经企业的培养和自己的努力，已成长为一名优秀的设计改良工程师。按照公司的培训体系，类似张玉翔的高职层次人才首先接受三天的新人培训，包括公司经营理念、规章制度、价值观、品质管理知识、环境安全知识等；在入职公司一年内，作为技术中坚力量的候补人员，学习模具知识、电镀知识、产品常用材料知识、产品可靠性评价知识、统计学知识等内容，并随着其发展层级的进步逐步加深难度。除了企业对所有大学（高职）毕业生统一进行的岗前培训，在高职毕业生进入工作部门后，将继续接受OJT（on the job training）培训和FTF（face to face）培训。这种培训是让新员工参与实际项目，并为其配备前辈指导者，由部门做出针对性培训计划，让新员工一边和指导者做项目，一边学习设计理论，以此来提升新员工的各方面素养。OJT和FTF培训使张玉翔在实践中亲身体会和熟悉产品设计流程，接触有关设计的设施设备与团队人员，既能在实际运用中理解专业课程，同时又能锻炼沟通协调等能力，提升了综合素质。

（4）人才培养特色和实际成效

相对于同行业其他企业，公司有本社引进培训课程、企业自制培训课程、英语日语定期讲座以及海外工作研修机会，员工通过参加必修课及个人申请选修课，都能得到很好的提升。张玉翔在公司努力工作，积极参加培训，充分发挥实习经验优势，即使和本科生、研究生一起比拼，依然能充满自信、拼搏进取，并取得一定成绩。在企业的有力培训和自身的努力下，短短几年，张玉翔已经由技术助理成长为设计改良工程师，可以独立分析产品设计缺陷，进行产品改良设计。公司充分运用拥有的核心元器件技术、系统设计力以及软件开发力，依靠每个研发人员的扎实技术力，不断满足客户需求，并成为架起中日技术交流的友好合作桥梁。

5.3.3 联合汽车电子有限公司无锡厂人才培养案例

联合汽车电子有限公司（简称UAES）成立于1995年，是中联汽车电子有限公司和德国罗伯特·博世有限公司在中国的合资企业。公司主要从事汽油发动机管理系统、变速箱控制系统、车身电子系统等的开发、生产和销售，有效整合本地优势和全球领先的技术为国内各汽车厂商提供优质的产品和服务，为满足日益严格的法规要求提供技术支持,并积极为节约能源和保护环境做出贡献。公司总部位于上海,现有员工超过8000人,无锡厂是其生产基地之一。2009年起,博世集团与无锡科技职业学院进行双元制校企合作,每年选拔20~30名学生,开设机电一体化订单班,建立"做学交替、本土双元"的现代学徒制人才培养项目。学生在学校完成文化课程学习和职业基础能力的训练,在企业完成岗位能力的训练和企业文化的熏陶。联合汽车电子公司无锡厂作为博世集团的中国公司之一,参与双元制项目,负责对学生进行企业岗位能力和企业文化方面的培育。毕业生理论知识与专业技术技能兼备、解决实际问题的能力强,在企业能得到很好的发展。

(1)员工发展体系建设

公司的价值观是:着眼未来、注重结果,明确责任、勇于负责,主动进取、持之以恒,坦诚沟通、相互信任,公平公正、平等共赢,诚信可靠、奉公守法,多元文化、兼容并蓄。公司注重员工的培养和人才梯队的建设,认为持续发展的源泉就是提高企业的整体竞争力,而提高整体竞争力的方式就是促使全体员工全身心投入工作并持续学习,并使公司成为一个学习型组织。公司建设学习型组织,不断地为公司各个管理层面、专家小组和项目岗位输送具有持续学习能力、不断提升自我的人才,持续满足公司在不断发展壮大和开拓新业务过程中的人力资源需求,同时打造属于联合汽车电子特有的人才队伍。通过学习型组织的工作氛围打造和企业文化的引导,在"不断学习、不断进步、不断变化"的观念指引下,公司保持着长盛不衰和蓬勃的生命力。

(2)员工发展体系主要内容

高职毕业生入职后,公司首先对其实施标准化培训和资质认证(表5-7、表5-8)。

表5-7 高职毕业生入职培训安排

日期	项目	内容
第1天	公司入职培训	公司简介、人事政策、健康安全环境、产品责任、公司愿景、使命和价值观。测试
第2天	工厂入职培训	部门介绍、质量意识、团队建设、规章制度劳动纪律、ESD或清洁度。测试

续表

日期	项目	内容
2~4周	岗位培训	上线培训、工作标准培训、质量培训
2~4周后2天	基本产线和BPS知识培训	生产和BPS知识培训、员工发展体系介绍、工厂总物料介绍、零部件介绍、团队建设等
终日	考核认证	理论考试和实践操作考试

表5-8　高职毕业生入职培训内容

序号	项目	内容
1	公司文化	公司愿景&价值观
2	质量管理	质量意识、质量工具、FMEA、CP知识等
3	产品、生产和工艺	BPS、MTM基础、产品型号和零部件介绍、工艺流程介绍
4	职业技能	维修电工、维修钳工
5	设备知识	PLC知识、E-plan基础知识等
6	领导力	角色认识、沟通与协调
7	法律法规	公司规章制度等

高职毕业生的职业发展并不是只有一条途径，公司的各个岗位类型之间是相通并可以转换的（图5-9）。公司为优秀员工设定的发展途径和目标是：高潜力人员→后备（初级）专家→专家、经理→总监、高级经理（图5-10）。

（3）员工发展体系实施过程

公司对于员工实施分类型培养，根据工作岗位主要分为三个培养方向，即管理、专技和项目管理。每个培养方向都有专门的层级和内容。员工可以清晰把握自己的发展目标和努力方向，不同类型、不同层级的员工在自己的发展过程中接受不同的培训课程。公司为员工制定发展规划，使员工有持续学习的动力和方向，并通过多样性的培训课程将企业文化、公司理念、技术要求传达给员工，最

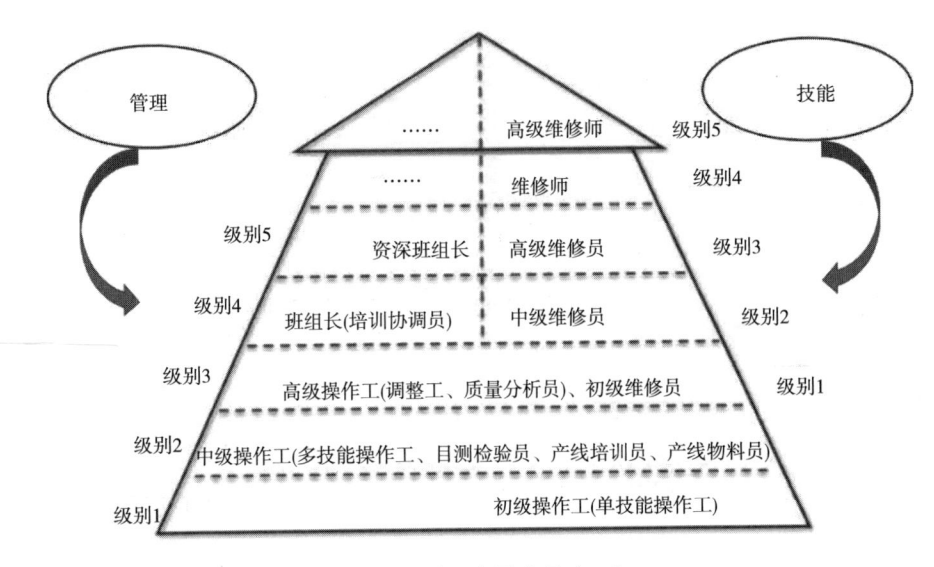

图5-9 员工发展途径(一)

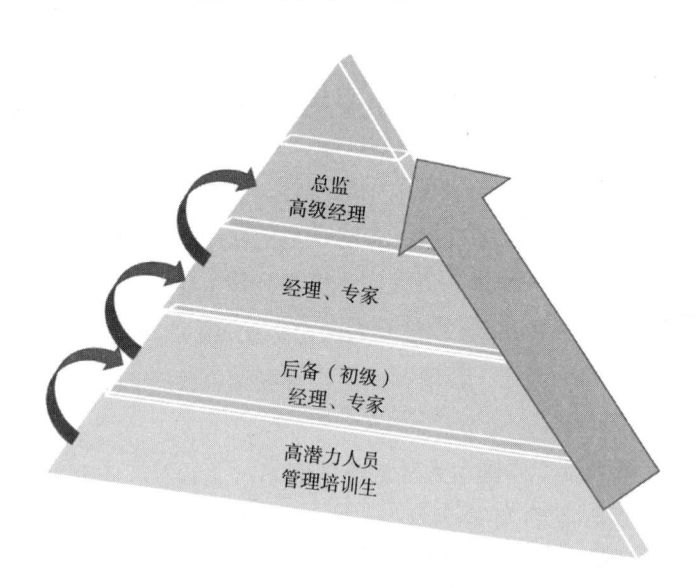

图5-10 员工发展途径(二)

终使员工发展融入企业发展，员工个人之力汇入企业发展合力，形成一个良性的学习型组织氛围。

无锡科技职业学院毕业生张建宇2006年以设备操作工的身份进入公司，在新员工阶段，接受企业文化、规章制度、发展理念等基础培训，同时接受机械电气、设备操作等专业基础培训。2007年升职为设备调整工,边工作边跟现场师傅学习设备控制原理,钻研自动化设备构成与加工工艺。公司的培训内容随着工作层次的提升而愈加丰富、有针对性。张建宇2010年转岗为维修技术员,接受了公司OpCon Operator Training 培训、川崎机器人培训、Staubli Robotics Training 培训、生产区域的信息安全培训、激光焊接等专业培训,并赴德国纽伦堡BOSCH进行了为期两周的生产技术交流培训。2018年升职为电气工程师,接受了公司的测量系统分析基础培训、AnyFeed 系统基础培训、数据应用和分析基础培训等。企业培训促进员工发展,员工发展推动企业发展。

(4)人才培养特色和实际成效

张建宇由设备操作工成长为优秀的设备工程师的过程中,学习是贯穿其中的主线。他从设备调整工开始做起,一步一个脚印,参加各类培训提升自己,工作兢兢业业,刻苦努力,目前升职至变速箱控制系统事业部的工程师。通过企业人才培养体系,员工得到了属于自己的成长,公司拥有了属于联合汽车电子特有的人才梯队,公司和员工相互促进,共同成长,崇尚不断学习,共同进步,学习型组织建设卓有成效。张建宇在个人成长过程中,优化了多项公司技术,重要项目有:DQ200电阻测试稳定性提高、X44F L2 armature pin反料程序优化、X44F L1 ST 110 Process 提升、LFS EOL设备节拍降低等,合计为公司创造了近千万元的经济效益。由于工作努力,业绩突出,张建宇多次获评公司年度优秀员工、一点通一等奖、创新设计大赛一等奖等荣誉,获得了公司上下的一致肯定。联合汽车电子有限公司2020年销售额达到232亿元人民币,比2013年增加了111%;新增了绵阳新晨、华泰等主机厂客户,新增了上汽齿等变速器生产商客户,并为节约能源和保护环境做出了贡献。

5.3.4 SK 海力士(中国)人才培养案例

半导体是 IT 产业的发展动力与未来。SK 海力士主要生产存储器半导体(适用于移动设备、服务器、存储解决方案等各种ICT设备所需的DRAM、NAND Flash、MCP 等)及CIS等系统半导体,并提供创新型解决方案。SK海力士(中国)有限公司是全球领先的半导体企业,2004 年扎根无锡,2019 年成为中国最大规模的单一DRAM 生产基地,同时也奠定了 DRAM 产业领跑者的地位。

(1)校企合作培养人才

致力于为行业储备更多专业高素质人才,公司 2006 年开始与高职院校长期开展校企合作，由公司提供资金支持、技术讲座、文化交流、实习基地等，支持合作院校的半导体专业建设及半导体人才的培养工作，互相促进，共同发展。2019年，公司与无锡科技职业学院等6所高校签订校企合作协议，年度捐赠59万元发展基金及6万元奖学金，支援校园基础建设、图书资料和仪器设备购置、课程建设等，协同支持人才培养，年度培养半导体人才286名。

组建SK海力士冠名班，公司与学校共同培养半导体人才。与无锡科技职业学院等高职院校合作，每年选拔90名学生组建SK海力士班，安排公司资深工程师在校园为学生讲解半导体课程，教育时间90课时。同时，为优秀实习生提供为期半年的岗位实习机会，安排师傅定向指导实习生，与学校一起共同培养半导体技术人才。其中，SK海力士（中国）与无锡科技职业学院的校企合作，获评2019年无锡市校企合作示范组合和2019年无锡市现代学徒制示范项目。

促进中韩文化融合，更好地帮助大学生从校园到职场过渡。公司在高职院校学生中开展职业规划讲座、面试技巧讲座，邀请师生参加公司年度文化节。2019年公司组织开展了24次师生参观交流活动，接待师生来访410人，加强校企文化融合。2019年暑期，公司面向中国高校半导体相关专业应届毕业生开展了2批次86名规模的"实践青春 梦想起航"暑期实习活动，通过开展半导体理论的集中教育、部门见习、前辈交流会、无锡文化探访等活动，为应届生提供近距离接触半导体行业的实践机会，加深他们对半导体的理解。

（2）设立企业大学

公司设立SK海力士大学（SK hynix University），针对半导体的产业特性，着重培育半导体产业的适合型人才，并不断完善教育培训体系。包括入社教育、技术教育、领导力教育、在岗培训（OJT）、企业文化宣传等近50门线下课程，980个线上课程，形成全方位、多层级完善教育体系；完善公司内部讲师管理制度，对讲师进行系统培训，并采取讲师分级考核方式，从授课时数、技术能力等多维度进行考核，提升讲师授课水平。截至2019年底，公司内部讲师共计377名，占员工总数的9%。为了给员工创造更加舒适高效的学习环境，提高学习效果，公司建立并优化SK海力士培训中心（SK hynix Academy）基础设施，提高教学实操性。中心占地面积2094平方米，包含职务技术教育室、语言教育室，装备教育室，电算教育室等共计22间。可供公司开展全社集合教育、部门自主学习、讨论会等教育活动，为 SK hynix University 的全面实施提供了强有力的基础保障。

（3）畅通职业发展通道

确保员工的多样性，为员工提供充分发挥个人能力的机会，是公司实现可持续发展的重要原动力。为提升员工的个人素质和能力，充分调动全体员工的主动性和积极性，公司搭建了完善的晋升体系，为员工提供畅通的职业发展通道。公司确立并不断完善公平、公正、公开的竞争机制，以职位绩效积分及能力为依据，将"阶梯晋升"和"破格提拔"相结合，保障每个职群都有晋升的渠道。此外，为了拓展公司内优秀技术人员的职业发展通道，公司实施岗位转换制度，在达到特定职位及能力要求之后，优秀的技术员通过审议可以转换至工程师岗位，为不断激发员工活力、实现职业生涯的持续发展提供了有力保证（图5-11）。

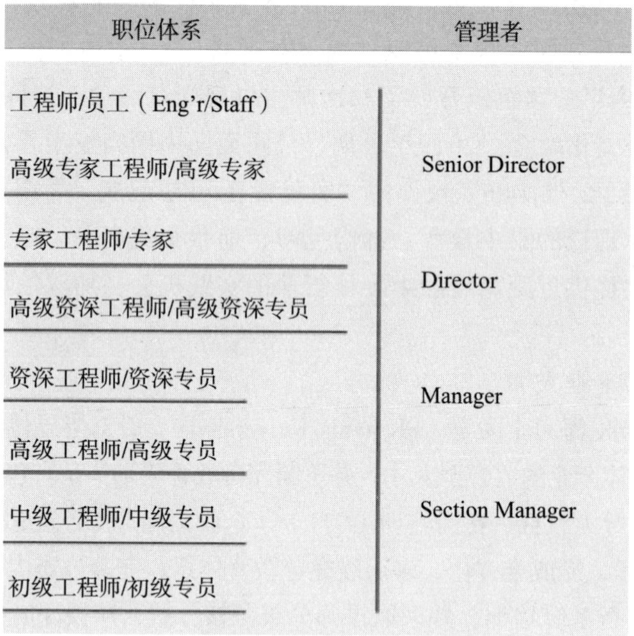

职位体系	管理者
工程师/员工（Eng'r/Staff）	
高级专家工程师/高级专家	Senior Director
专家工程师/专家	
高级资深工程师/高级资深专员	Director
资深工程师/资深专员	
高级工程师/高级专员	Manager
中级工程师/中级专员	Section Manager
初级工程师/初级专员	

图5-11　SK海力士（中国）职位体系

公司始终坚持与员工共发展、同幸福，让每一位员工都能实现自身价值，打造幸福职场。公司搭建技能提升平台的相关改革经验，被评为长三角地区深入推进产业工人队伍建设改革工作优秀案例。公司"90后"职工周杰说道："依托全面的培训教育系统,我工作的这几年,就是一个技术积累、技能提升的过程。"他刚入职SK海力士这样的技术密集型企业时,深感"技术恐慌"。好在公司设有"人力开发院",引入大学体制,实行培训导师制,工会还有"奖学金式自考与技术考证培训"制,周杰遇到技术难题可以及时请教导师,每年都像读大学一样,根据自己的技术等级修满学分,获得新的职业晋升资格。2021年,周杰已是一名掌握核心技术的工程师,负责800多道生产工序的品质监督,也成了新员工的导师。

5.3.5 奇瑞捷豹路虎汽车有限公司集中性岗位实习安全教育案例

2019年8月底签订协议、9月底奇瑞大学培训、10月底正式到岗、11月底启动现代学徒制、12月底教学用整车送达学校,捷豹路虎班以豹的速度、虎的力量推进集中性岗位实习的工作,展现了无锡科技职业学院在校企双主体育人上的高效与成效。奇瑞捷豹路虎汽车有限公司是目前国内自动化程度最高、制造水平最高的汽车工厂之一,是教育部第二批现代学徒制试点单位,是江苏省首批产教融合型试点企业。作为汽车制造业的"全球样板工厂",公司为学校学生提供了超过100个,涵盖研发、设备维修、机器人操作、质检、产线,覆盖学校智能制造学院全部专业的顶岗实习岗位,"精益管理"牵手"四有新人",校企协同造就了一批专业技术精、实践能力强、思想品格好、与企业实际岗位高度接轨的技术技能人才。在集中性顶岗实习期间,推行"三段式"安全教育和"闭环化"安全管理。

(1)安全管理体系建设

企业结合中英双方母公司的安全要求,兼容国家安全生产标准化体系和ISO 45001国际健康安全体系,创造了安全成熟度管理模型,在2020年度集中性岗位实习工作中,安全管理成效显著,营造了安全、健康、有效的岗位实习育人环境。岗位实习实施风险评估闭环管理,以奇瑞捷豹路虎"精益管理体系"促进学校实习生全面发展,实现全过程零事故的工作目标,提出无锡科技职业学院-奇瑞捷豹路虎三段式安全教育和闭环化安全管理新模式。

实施过程中,把控关键安全环节,把握岗位晋升、奖金发放等激励手段,层层落实安全保障措施。

(2)实施"三段式"安全教育

校企双方创新安全教育机制,联合制定了层层递进的"三段式"安全教育工作方案(表5-9),逐步提高学生安全意识。

表5-9 "三段式"安全教育工作方案

序号	安全教育地点	安全教育时间	安全教育内容	安全教育目标
第一阶段	校内	32课时	《奇瑞捷豹路虎岗位实习安全教育》课程教学	初步具备岗位安全意识
第二阶段	奇瑞大学	30天	岗前培训	进一步强化安全意识
第三阶段	奇瑞捷豹路虎安全教育基地	180天	三级安全培训 三级安全考核 安全文化 安全意识提升系统活动 顶岗实习	具备安全意识 服从安全管理

在奇瑞捷豹路虎安全教育基地进行的第三阶段安全教育，教学内容与工作内容紧密结合，教学安排与生产实践紧密结合。课程体系包括《精益生产》《三级安全》《安全体验》《AED急救》《模拟装车》《多角度螺栓拧紧》《线束插接》《全员生产维护》《改善创新》《车辆电路诊断》《柔性化全车型全配置实操培训》《碰划伤案例及预防培训》《质量意识养成与提升》《高素养员工行为规范》等校企自主研发的课程，全面覆盖了学生的职业价值观、职业素养、职业技能、先进管理等教育内容。

教学运行以活模块的方式开展，按照岗位工作性质和等级要求，由教学团队制定专门的培养计划。以"维保岗"为期四天的入职期培训为例，第一天以团队游戏为主，上午是"方针展开（&SMART&PDCA）""踩纸游戏"，下午是拓展培训"斯瓦洛游戏"；第二天在学生适应的基础上相应增加培训内容比例，上午用"破冰游戏"开场后，接下来是两个小时的"团队&多能工&贝尔宾"以及"5S&标准化"，下午仍是拓展培训"斯瓦洛游戏"；第三天上午在"破冰游戏"开场后，是"线平衡"和"八大浪费"，下午是拓展培训"斯瓦洛游戏"；第四天培训内容包括了"天使投资""改善""TPM""问题解决""总结""场地恢复"。整体安排遵循职业能力培养规律，紧张活泼、张弛有度，教学效果经得起实际工作检验。

（3）规范过程化安全管理

校企双方对岗位实习实施全过程闭环式的安全管理，针对重点环节的安全隐患分类施策，将岗位实习成绩评定、捷豹路虎奖学金评定和安全培训成绩挂钩，对表现优异的学生给予核心技术岗位的晋升机会，确定高一级别的工资待遇，颁发奇瑞捷豹路虎专项奖学金，有效激发了学生的进取心和成就感，最终达成岗位实习安全管理目标。

①体检和保险。由公司提供每生800元标准的全面体检，进行职业健康安全筛查，保障学生身体健康，所投保的保险责任范围覆盖学生实习活动的全过程。

②交通安全管理。针对交通安全隐患，学生实习过程中所有往返交通均统一接送，包含往返于学校和企业，以及工作日班车接送。

③住宿安全管理。针对住宿隐患，公司公寓区实行严格的门禁管理制度，有专业的物业团队负责水、电、消防、防盗、急救等各项安全管理。学校额外实行手机定位签到宿管制度，确保学生人身安全。

④系统安全管理。公司以体系驱动安全管理，通过开展安全意识系列活动，建立安全成熟度模型定期审核机制，创建安全文化模型，形成"横向到边、纵向到底"的安全生产责任体系。

⑤生产安全管理。公司兼容国家安全生产标准化体系和英国国际安全体系标准，通过在生产设备上增加光栅、扫描雷达、ECPL能量控制和动力锁等安全设施，将安全日历、安全检查表、疏散通道示意图做目视化展示，实施严格的安全管理条例等有效措施，做到对生产安全的管控。

（4）实践创新与实际成效

学校与公司对标国际安全标准，实施三段式安全教育和风险评估闭环管理，实现安全零事故，切实促进学生全面发展和就业，提高了实践教育教学质量。

①对标国际闭环管理。对标国际健康安全体系，以创新性的安全成熟度管理模型，推行三段式安全教育和闭环化安全管理，实现零事故的实习管理目标。

②针对隐患重点施策。对影响学生岗位实习安全的生产、交通、住宿、身体、保险等关键环节分类实施对策，安全管理成效显著。

5.4 本章小结

弘毅守正，盈科匠心。无锡高新区高职教育的生动实践，凸显了职业院校办在开发区、开发区办职业教育的优势，彰显了职业教育鲜明的类型特色。这一地方经济与高职教育一体发展、高职教育与高新技术产业互动发展、高新区与职业院校双向赋能的创新实践，对于构建产教融合命运共同体、积极探索高职教育新模式、建设与区域产业结构相匹配的人才培养体系、打造职业教育"升级版"、聚力打造产业发展新高地、助推区域经济社会高质量发展具有重要的现实意义，可以为广大职业院校办学实践提供借鉴和参考。

参考文献

[1] 多元共治,高职教育"新吴模式"行稳致远:与开发区同频共振,无锡科院践行类型教育发展之路[N].新华日报,2021-05-21.

[2] 张国华.弘扬伟大建党精神奋力书写无锡科院高质量发展新篇章[N].无锡日报,2021-10-8(2).

[3] 瞿立新.聚焦新技术新业态建好专业群[N].中国教育报,2020-08-25(4).

[4] 瞿立新,钟伟跃.打通高质量就业"最后一公里"[N].中国教育报,2021-05-18.

[5] 瞿立新,陈霞.职业院校学生职业素养培育的研究与实践[J].中国职业技术教育,2018(11):92-96.

[6] 瞿立新,都大明.职业系谱探索[M].南京:南京大学出版社,2014.

[7] 瞿立新,孙爱武.职业生涯规划[M].北京:高等教育出版社,2016.

[8] 瞿立新,陈霞.企业岗位综合实践:顶岗实习实务[M].北京:高等教育出版社,2016.

[9] 瞿立新.现代供应链视阈下职业教育园区办学模式的探索与实践[J].中国职业技术教育,2020(22):87-91.

[10] 瞿立新.岗位主导型高职人才培养模式探索[J].中国职业技术教育,2007(28):53-54,61.

[11] 方铭.如何认识中国传统文化[N].光明日报,2017-09-27.

[12] 刘奇葆.在全社会大力培育和践行社会主义核心价值观[N].人民日报,2014-03-05.

[13] 中共中央办公厅.关于培育和践行社会主义核心价值观的意见[N].人民日报,2013-12-24.

[14] 申世明.大学生社会主义核心价值观的培育与践行[J].内蒙古财经

大学学报.2021,19（3）：31-32.

［15］王浪，高涵.职业态度与职业能力关系之辩［J］.职业技术教育，2010（13）：9-13.

［16］尚勇.论职业情感的科学界定［J］.理论观察，2007（1）：153-154.

［17］王宇苓.关于培养高职学生职业精神的思考［J］.中国职业技术教育，2009（11）：46-48.

［18］SK 海力士（中国）2019社会责任报告［EB/OL］.http：//www.skhynix.com.cn/down/2019SK_hynix_CN.pdf.

［19］童云飞，刘桂林，顾超.基于校企合作培养高职学生职业素质的探索与实践［J］.中国职业技术教育，2010（29）：95-98.

［20］郭永洪，眭碧霞.专业群课程体系建设的思考与设想［J］.计算机教育，2012（21）：83-6.

［21］徐国庆.智能化时代职业教育人才培养模式的根本转型［J］.教育研究，2016，37（3）：72-8.

［22］李怀康.职业核心能力开发报告［J］.高等职业教育（天津职业大学学报），2007（1）4-8.

［23］徐国庆，雷正光.德国职业教育能力开发的教育理念研究［J］.中国职业技术教育，2006（35）：58-61.

附录1 无锡科技职业学院机电一体化技术专业人才培养方案

机电一体化技术专业
（专业代码：460301）

一、招生对象与学制

招生对象：高中毕业生、中职毕业生

学　　制：全日制三年

二、职业面向

所属专业大类（代码）	所属专业类（代码）	对应行业（代码）	主要职业类别（代码）	主要岗位类别
装备制造大类（46）	自动化类（4603）	通用设备制造业（34）汽车制造业（36）金属制品、机械和设备修理人员（43）	设备工程技术人员（2-02-07-04）机械设备修理人员（6-31-01）	1. 机电一体化设备安装与调试技术员 2. 机电一体化设备维保技术员 3. 自动生产线运维技术员 4. 工业机器人应用技术员 5. 机电一体化装备生产管理技术员 6. 机电一体化设备销售和技术支持技术员 7. 机电一体化设备的技改技术员

三、培养目标

本专业以立德树人为根本，以德技并修为途径，培养"心中有爱、眼中有人、肚中有货、手中有艺"的德智体美劳全面发展，具有良好的职业道德、工匠精神和人文素养，掌握机电一体化技术专业知识与技术技能，能够面向智能装备和汽车零部件产业集群，从事智能装备的安装与调试、智能装备维护与保养、自动生产线运维、工业机器人应用、智能装备生产管理、智能装备销售和技术支持、智能装备技改等岗位工作的高素质技术技能人才。

四、培养规格

(一) 素质

坚定拥护中国共产党领导和我国社会主义制度，在习近平新时代中国特色社会主义思想指引下，践行社会主义核心价值观，具有深厚的爱国情感和中华民族的自豪感。

崇尚宪法、遵法守纪、崇德向善、诚实守信、尊重生命、热爱劳动，履行道德准则和行为规范，具有社会责任感和社会参与意识。

具有质量意识、环保意识、安全意识、信息素养、工匠精神、创新思维。

勇于奋斗、乐观向上，具有自我管理能力，有较强的集体意识和团队合作精神。

具有健康的体魄、心理和健全的人格，掌握基本运动知识和1~2项运动技能，养成良好的健身习惯、卫生习惯和行为习惯。

具有一定的审美和人文素养，能够形成1~2项艺术特长或爱好。

(二) 知识

掌握必备的思想政治理论、科学文化基础理论知识和中华优秀传统文化知识；

熟悉本专业相关的行业规范、环境保护及安全消防等知识；

掌握绘制机械图、电气图等工程图纸的基础知识；

掌握机械原理、机械零件、工程材料、公差配合、机械加工等技术的专业知识；

掌握电工与电子、液压与气动、传感器与检测、电机与拖动、运动控制、PLC应用、工业机器人、人机界面及工业控制网络等技术的专业知识；

掌握智能装备的安装与调试、维护与保养等相关知识、专业标准与安全规范；

掌握精益生产的基本概念、实施方法等。

(三) 能力

具有探究学习、终身学习、分析问题和解决问题的能力；

具有良好的语言、文字表达能力和沟通能力；

具有本专业必需的信息技术应用能力；

能识读各类机械图纸、电气图纸，能运用计算机绘图；

能选择和使用常用仪器仪表、工具和电气元器件；

能进行智能装备的机械装配和调试；

能进行智能装备电气控制系统的分析、编程、安装与调试；

能进行智能装备的日常维护、故障诊断、维护与维修；

五、专业课程体系（附图1-1）

专业群共享课程（任选）	区校一体化课程（必修）
工业机器人编程与操作、职业素养课、日语入门、C语言程序设计、精准生产管理、数控编程与加工、智能过程控制系统、工业机器人操作与运维	

专业核心课程（必修）	专业实践课程（必修）	综合实践课程（必修）
PLC应用技术 机器视觉检测技术 单片机应用技术 运动控制技术 工控网络与组态技术 智能设备故障诊断与维修 自动化生产线技术应用	电工电子实训 电气控制线路安装与调试 机械装配与调试 计算机绘图AutoCAD SEE ELectrical 智能电气设计 Solidworks 三维辅助设计	专业综合实践 顶岗实习 毕业设计（论文）

入学第一课
新年德育课
劳动教育和工匠精神
吴文化
诚信教育
规则教育
实践活动

专业群平台课程（限选）
应用数学、电工技术、电子技术、检测与传感技术、工程制图、机械工程基础、液压与气压传动、钳工

职业素养课程	
（必修）	（选修）
毛泽东思想和中国特色社会主义理论体系概论、思想道德修养与法律基础、形势与政策、大学英语、信息技术、高等数学、文学鉴赏、大学生心理健康教育、大学生职业生涯规划、大学生创新与创业基础、体育、体育技能、军事理论、军事技能	演讲与口才、礼仪文化、艺术鉴赏、网络通识课程

附图1-1 专业课程体系

六、学时学分分配表（附表1-1）

附表1-1　学时学分分配表

		职业素养课程		专业群平台课程	专业课程			专业群共享课程	区校一体化课程	合计
		公共必修课	限定选修课		专业核心课程	专业实践课程	综合实践课程			
门数		15	9	8	7	6	3	4	7	56
学分		35	12	24	20	6	19	10	8	134
学时数	理论学时	350	176	286	164	0	0	108	56	1244
	实践学时	354	64	114	132	192	512	52	120	1636
	总学时	704	240	400	320	192	512	160	176	2704
实践学时所占比例（%）		50.28	26.67	28.50	41.25	100.00	100.00	32.50	68.18	60.50

七、主干课程内容及要求（附表1-2）

附表1-2　主干课程内容及要求

课程名称	主要内容	知识要求、能力要求
工程制图	1. 平面图形绘制 2. 正投影基本知识 3. 基本体投影识读与绘制 4. 轴测投影识读 5. 组合体三视图识读与绘制 6. 标准件常用件图样识读 7. 机件常用表达方法识读 8. 机械零件图识读与绘制 9. 机械装配图识读	知识要求 1. 熟悉机械制图国家标准 2. 理解机械制图基本理论 3. 掌握机械图样常用表达方法 能力需求 具有查阅机械手册、阅读机械零件图和运用绘图工具绘制机械零件图的能力
电工技术	1. 直流电路 2. 正弦交流电路 3. 磁路与变压器 4. 交流电动机的认识与使用	知识要求 1. 理解电压源、电流源概念，熟悉其等效变换的方法；学会应用基尔霍夫定律；了解正弦交流电路基本定律的相量形式

续表

课程名称	主要内容	知识要求、能力要求
电工技术	5. 直流电动机的认识与使用 6. 常用低压电器的认识与使用 7. 三相异步电动机基本控制电路分析 8. 典型机床控制电路分析	2. 了解串联、并联谐振的条件和特征；了解变压器工作原理、三相异步电动机的工作原理、结构特点；熟悉对称三相交流电路电压、电流、功率的计算方法 3. 了解常见低压电器的基本结构、工作原理及相关概念 4. 熟悉变压器、交流电动机、直流电动机及常见低压电器铭牌的内容、掌握各额定参数的含义 5. 熟悉三相异步电动机日常维护的内容 6. 掌握变压器、交流电动机、直流电动机及常用低压器件的用途，熟记其图形符号、文字符号 7. 熟悉三相异步电动机基本控制的电气原理图，掌握控制的基本规律 8. 熟悉典型机床的电气原理图 能力要求 1. 能够对基本单元电路进行定性分析和工程估算 2. 能够正确选择、使用各种工具及检测仪表，实施变压器、电动机的常规检测；具有安全意识 3. 能够正确、规范使用常用电工工具，完成变压器、电动机常规控制线路的接线 4. 会识读铭牌，具备电动机、电器的选型能力 5. 能读懂三相异步电动机的基本电路,会画出其正主电路和控制电路图 6. 能够读懂典型机床的电气原理图
机械工程基础	1. 工程力学基础知识 2. 平面机构的结构分析及平面连杆机构 3. 带传动和链传动 4. 齿轮传动及轮系 5. 蜗杆传动 6. 凸轮机构和间歇运动机构 7. 轴及轴上零件 8. 轴承 9. 机械连接 10. 其他常用零部件	知识目标 1. 熟悉机械设计的基本思想、各类传动机构特点及应用场合 2. 掌握工程力学基础知识 3. 掌握机械传动的基本原理和基本方法 能力目标 具备通用机械的设计、选择、维护和装调的能力

续表

课程名称	主要内容	知识要求、能力要求
液压与气压传动	1. 认识液压传动系统 2. 液压传动的工作介质 3. 液压动力元件、执行元件、控制元件和辅助元件 4. 液压控制回路，典型液压系统分析 5. 认识气动系统 6. 气动执行元件、控制元件、辅助元件和逻辑元件 7. 气动系统分析	知识要求 1. 了解液压系统的组成、特点及应用 2. 理解常用液压泵、液压缸、气缸、控制阀的工作原理，了解其特点及应用 3. 了解液压、气压辅助元件的作用、符号 4. 掌握气动系统各组成部分及作用 5. 了解气动技术的特点及应用 6. 了解阅读典型液压系统原理图的步骤 能力要求 1. 具备液压和气动回路识图能力 2. 具备简单液压、气动控回路的分析能力 3. 具备搭建简单气动控制系统的能力
检测与传感技术	1. 传感器基础知识、基本概念 2. 应变式传感器、电容式传感器、电感式传感器、压电式传感器、磁电式传感器、光电式传感器、超声波传感器、半导体传感器、辐射式传感器、数字式传感器的工作原理、性能、测量电路及典型应用 3. 典型检测系统	知识要求 1. 掌握传感器的基础知识、基本概念 2. 掌握应变式传感器、电容式传感器、电感式传感器、压电式传感器、磁电式传感器、光电式传感器、超声波传感器、半导体传感器、辐射式传感器、数字式传感器的工作原理、性能、测量电路及典型应用 能力要求 1. 具备典型传感器的选型和测量电路使用的能力 2. 具备典型检测系统调试能力
钳工	1. 手锯割锯练习，训练正确的锯割操作姿势 2. 锉削练习，训练正确的锉削操作姿势 3. 钻孔、錾削、锉腰形孔练习；修磨；六棱柱制作练习 4. 钢板配合件制作、工艺分析、划线练习 5. 钢板配合件制作练习；钻孔、铰孔练习 6. 钢板配合件精修镶配	知识要求 1. 熟悉钳工专业知识和技能知识 2. 掌握钳工操作的基本要领，有安全操作及防护要求意识 能力要求 1. 掌握锯、锉、钻、攻、铰等钳工操作能力、工量具使用和测量方法 2. 具备正确使用钳工学常设备及附件、刃具的能力 3. 遵守钳工安全操作技术及所用设备安全操作规程 4. 遵守车间（实训室）安全文明生产管理规定
*电子技术	1. 常用半导体器件 2. 晶体管放大电路 3. 集成运算放大电路	知识要求 1. 了解常用半导体器件的基本原理，掌握以上器件的外特性、主要参数和使用方法；掌握基本交流电压放大电路的分析方法；掌握集成运算放大器应用电路

续表

课程名称	主要内容	知识要求、能力要求
*电子技术	4. 门电路与组合逻辑电路 5. 触发器与时序逻辑电路 6. 集成555定时器 7. 直流稳压电源	2. 掌握数字电子技术的基本理论和基本知识 3. 掌握串联型直流稳压电源组成与工作原理 能力要求 1. 能对基本单元电路进行定性分析和工程估算的能力，并具有选用简单适用电路的能力 2. 能正确使用示波器、信号发生器、稳压电源、万用表等常用电子仪器、仪表 3. 能对电子线路进行原理分析
*PLC应用技术	1. PLC的基础知识 2. PLC的基本指令 3. 灯的PLC控制 4. 交流电动机的PLC控制 5. 气动设备的PLC控制	知识要求 1. 掌握PLC的工作原理、结构 2. 掌握PLC编程软件的使用方法 3. 掌握PLC电气原理图设计和电路接线的方法 4. 掌握灯顺序循环控制的编程方法 5. 掌握气动设备的PLC编程 能力要求 1. 初步具备PLC电气原理图的设计能力 2. 具备PLC编程软件的使用能力 3. 具备灯顺序循环控制的编程与调试能力 4. 具备电动机控制项目编程与调试能力 5. 具备气动控制项目编程与调试能力 6. 具备小组协作能力，交流沟通能力 7. 初步具备自主解决问题能力
*机器视觉检测技术	1. 屏幕裂痕视觉检测 2. 橡皮圈缺圈视觉检测 3. 六角螺母定位视觉检测 4. 齿轮缺齿视觉检测 5. 轴承缺珠视觉检测 6. 芯片定位视觉检测	知识要求 1. 了解机器视觉的概念与发展现状 2. 掌握机器视觉系统硬件组成、主要技术参数；掌握镜头、光源的选型方法 3. 掌握X-sight studio机器视觉软件定位工具、测量工具、计数工具的使用的方法 能力要求 1. 培养学生使用X-sight studio机器视觉软件的能力 2. 解决工业控制中实际视觉问题的能力，提高学生计算机实际操作水平 3. 具备良好的人际交流能力、团结协作精神、客户服务意识和不断进取的终身学习能力

续表

课程名称	主要内容	知识要求、能力要求
*单片机应用技术	1. 单片机基础知识 2. 单片机开发环境搭建 3. 单片机硬件知识 4. 单片机C51编程基础 5. 单片机定时器、计数器 6. 单片机中断 7. 单片机常用人机接口 8. 单片机应用实例	知识要求 1. 了解单片机应用技术的发展和现状、单片机应用系统的设计过程 2. 熟悉常用开发工具和环境 3. 熟悉51系列单片机硬件系统 4. 掌握51单片机系统的C51程序设计思路 5. 理解单片机定时器/计数器、中断、人机接口、串口通信等常用模块知识 能力要求 1. 具备简单单片机应用系统电子原理图读图能力 2. 具备识别单片机应用系统中常用元器件的能力 3. 具备搭建常用单片机应用系统的能力 4. 初步建立单片机应用系统常见硬件故障判别与排除能力 5. 初步建立单片机应用系统软、硬件联调能力
*运动控制技术	1. 变频器的面板操作与运行 2. 变频器的外部运行操作 3. 变频器的模拟信号操作控制 4. 变频器的多段速运行操作 5. PLC控制变频器的运行操作 6. PLC控制步进电动机的运行操作 7. PLC控制伺服电动机的运行操作	知识要求 1. 了解变频器的作用、特点、用途 2. 熟悉变频与伺服系统的基础知识 3. 掌握变频器的接线、参数设置、调试 4. 掌握PLC控制步进电动机的接线、参数设置、编程、调试方法 5. 熟悉PLC控制伺服电动机的接线、参数设置、编程、调试方法 能力要求 1. 具备查阅步进、伺服电动机说明书，并正确使用元器件及装置的基本能力 2. 具备变频器的接线、参数设置、调试等能力 3. 初步具备应用PLC控制步进电动机和伺服电动机的接线、参数设置、编程、调试能力
*工控网络与组态技术	1. 现场总线通信基础 2. PPI通信及其应用	知识要求 1. 熟悉工业控制现场总线的结构及特点 2. 掌握现场总线数据通信基础的相关知识 3. 掌握PPI主从通信基础、系统构建与运行 4. 了解CC-link现场总线概念、系统构建与运行 5. 了解TCP/IP通信概念、系统构建与运行 6. 掌握组态软件常用元件的参数设置

续表

课程名称	主要内容	知识要求、能力要求
*工控网络与组态技术	3. TCP/IP通信及其应用 4. 组态软件及应用 5. PLC与触摸屏的通信系统	7. 掌握简单动画组态画面的制作要素与步骤 能力要求 1. 具备完成实验、实训的基本要求、将实验、实训中观察到的现象进行系统分析并得出正确结果的基本能力 2. 具备查阅各种器件性能表及产品说明书，并正确使用元器件及装置的基本能力 3. 具备独立撰写实验、试验报告等科技文件的基本能力 4. 初步具备现场总线规范、通讯控制芯片、接口设计及应用编程操作能力 5. 具备绘制简单动画组态画面的能力 6. 具备搭建PLC与触摸屏的通信系统，并进行调试的能力
*智能设备故障诊断与维修	1. 熟悉机电设备的故障及诊断技术 2. 掌握机械系统的维修技术 3. 掌握设备电气系统的故障诊断与检修方法 4. 熟悉液压设备系统的诊断与维修方法 5. 了解机电设备维修管理的基础知识	知识要求 1. 了解机电设备故障概念及故障的分类，机械设备维修的主要形式 2. 掌握零部件失效的机理及失效的种类，了解机械修复技术等 3. 熟悉机械零件修理工艺规程拟定的过程 4. 熟悉电气系统故障的特点及故障种类，诊断与排除方法 5. 掌握数控机床常见故障现象及故障诊断与排除方法了解液压设备的基础知识 6. 掌握液压设备的故障特点及故障种类，熟悉液压系统故障诊断和维修的基本方法与步骤 7. 了解机电设备维修管理的基础知识，熟悉各种管理的类别及编制的依据，熟悉信息系统在设备维修管理中的功能与应用 能力要求 1. 能够识读各种机械故障，根据故障情况选择合适的维修技术 2. 能识读电气设备的各种技术文件（原理图等），会使用常用检测仪表等确定故障的具体部位，能够实施电气常见故障的排除 3. 能分析液压元件常见故障的原因及排除的方法 4. 会填写维修记录

续表

课程名称	主要内容	知识要求、能力要求
*自动化生产线技术应用	1. 自动化生产线的初识 2. 自动化生产线核心技术应用 3. 自动化生产线组成单元调试 4. 自动化生产线系统调试	知识要求 1. 了解自动化生产线的运行方式及应用 2. 了解自动化生产线中常用的机械传动机构 3. 掌握自动化生产线中气动控制系统的组成,掌握气动控制回路的工作原理 4. 掌握自动化生产线中常用传感器及应用 5. 了解自动化生产线中常用电动机,掌握其使用方法 6. 掌握自动化生产线中PLC的编程原则 7. 了解自动化生产线中常用的通信网络技术 8. 掌握典型自动化生产线中各单元的组成及系统的调试步骤 9. 了解典型自动化生产线装调中常见故障及原因 能力要求 1. 具备编写简单的控制程序并进行调试的能力,具备识读自动线中气动回路图和电气控制电路图的能力 2. 具备根据图纸识别自动化生产线中各组成单元的电、气元件的能力 3. 具备正确使用常用工具,检测各单元中电、气元器件的能力 4. 具备正确分析控制要求和提取控制变量的能力,初步具备PLC控制系统设计、编程、调试的能力 5. 初步具备各单元调试和系统联机调试的能力
电工电子实训	1. 万用表的使用及元器件识别与检测 2. 焊接技术 3. 直流稳压电源的组装	知识要求 1. 掌握电子元器件及材料的类别、规格型号及主要性能、测量方法 2. 掌握互感原理、万用表电烙铁的功能及应用 3. 掌握电子线路分析的基本方法,能正确阅读分析简单电气电子线路原理图 4. 能进行简单电子电路的设计及简单电气线路的设计 能力要求 1. 熟悉电气电子线路运作及维护的方法,养成按规范、标准进行电气电子线路的简单设计、安装、调试、维护与排故的素养

续表

课程名称	主要内容	知识要求、能力要求
电工电子实训	4．多谐振荡器的组装 5．声控计数器的组装	2．培养电气电子线路安装、调试、维护与排故的基本能力和团队沟通能力 3．掌握电子元件焊接基本技能及电气电子线路的调试与检测的能力
电气控制线路安装与调试	1．电工安全知识 2．低压电器描述 3．常用低压电器 4．单向启动控制线路配电板的配线、安装与调试 5．接触器连锁正反转控制线路配电板的配线、安装与调试 6．时间继电器自动控制的星三角降压启动线路电板的配线、安装与调试	知识要求 1．熟悉安全常识及安全文明生产要求 2．熟悉常用电工工具和电工仪器仪表及使用方法 3．了解常用电气元器件的识别与检测方法 4．熟悉电气元器件及电气线路的布线工艺 5．熟悉电气装配图读图方法 6．了解电源、电动机及按钮的正确连接方法的安装工艺 7．熟悉仪表的测量方法 8．了解主电路、控制电路熔体的型号规格 9．了解热继电器整定的方法 10．熟悉故障现象，了解排查故障的方法 11．了解使用工具和仪表排除故障的方法 能力要求 1．严格遵守操作规程，符合安全文明生产要求 2．按图纸的要求，掌握正确利用工具和仪表熟练地电气元器件布局和安装的能力 3．掌握规范布线的能力 4．掌握通电前应用仪表对线路及器件进行必要的检测和检查的能力 5．掌握正确使用工具和仪表，排除故障点的能力
机械装配与调试	1．常用测量工具使用方法 2．机械零件的尺寸测量 3．零件测量方法和步骤 4．部件的测绘方法和步骤 5．零部件的装配方法 6．串焊机零部件的拆装测绘方法	知识要求 1．掌握常用测量工具使用方法 2．掌握机械零件的尺寸测量 3．掌握零件测量方法和步骤 能力要求 1．具备部件的测绘方法和步骤的能力 2．具备零部件的装配的能力 3．具备串焊机零部件的拆装测绘的能力

续表

课程名称	主要内容	知识要求、能力要求
计算机绘图 AutoCAD	1. 熟练使用AutoCAD软件的基本功能 2. 对AutoCAD软件进行简单的自定义设置 3. 读懂机械零件图和机械装配图 4. 绘制零件图和装配图	知识要求 1. 具备熟练使用AutoCAD软件的基本功能的能力 2. 具备对AutoCAD软件进行简单的自定义设置的能力 能力要求 1. 具备读懂机械零件图和机械装配图能力 2. 具备绘制零件图和装配图的能力
SEE Electrical 智能电气设计	1. 电气原理图的绘制规则 2. SEE Electrical智能电气设计软件使用 3. 电动机控制电路图的绘制 4. PLC控制电路图的绘制	知识要求 1. 熟悉电气原理图规则、常用电气元件的符号和画法 2. 了解SEE Electrical智能电气设计软件的界面 3. 掌握电动机控制电路图的绘制步骤 4. 掌握PLC控制电路图的绘制步骤 能力要求 1. 具备绘制常用的电动机控制电路图能力 2. 具备绘制PLC控制电路图的能力
Solidworks 三维辅助设计	1. 熟悉Solidworks三维设计软件的草图和实体产生方法 2. 掌握装配体方法 3. 掌握三维设计软件的草图生成方法及爆炸视图的实现方法	知识要求 1. 掌握Solidworks草绘方法，包括草绘命令、约束和尺寸标注等 2. 掌握工程图各种视图表达方法 3. 掌握拉伸、旋转、抽壳，异形孔等零件基本造型方法 4. 掌握零件装配配合方法 5. 掌握爆炸图的生成方法 能力要求 1. 能完成中等复杂程度的轴类零件，盘类零件，壳体类零件，钣金件等3D造型 2. 会出零件工程图，并进行相关尺寸、粗糙度等进行标注 3. 能完成零件装配建模

注　课程名称前加*为专业核心课程。

八、区校一体化课程内容要求（附表1-3）

附表1-3 区校一体化课程内容要求

课程名称	学分	学时 总学时	学时 授课	学时 实践	开设学期	备注
入学第一课	1	16	8	8	1	开展高新区情况介绍、角色适应教育、定位发展教育、专业引导、职业生涯规划等入学教育
新年德育课	1	16	16		2，4	开展社会主义核心价值观教育、文明礼仪教育、学风建设等
劳动教育和工匠精神	2	32	16	16	1~6	开展劳动认知、技能、习惯教育，培育劳动素养和劳动情怀；开展企业技能大师讲座、杰出校友榜样教育、高新区企业参观、技能展示活动等，传承和培育工匠精神
吴文化	1	16	16		1~4	了解吴地文化，增强传承和保护非遗的意识
诚信教育	0.5	16		16	1~5	提高诚信意识，实践诚信行为
规则教育	0.5	16		16	1~5	培养规则履行、个人管理、学习态度等
实践活动	2	64		64	1~5	参加各类创新创业活动、各类竞赛、文体活动、志愿者活动、社团活动、寒暑假社会实践等，培养学生的综合素质和能力

九、人才培养方案实施与保障

（一）人才培养模式

学校机电一体化技术专业主动适应无锡高新区（新吴区）产业经济和发展需要，服务高新区智能装备与汽车零部件产业集群，实施政府支持下的产教融合、校企和校地协同育人模式。学生入学后，通过"双选"便可进入C公司订单班学习，从入学到毕业就业，受到学校、企业、街道的关注和培养。通过校企"双主体"育人，实现校企无缝对接，培养高素质的技术技能人才。学生经过三年的学习，逐级递进提升，既成为达到企业人才需求标准的合格员工，又成为对社会发展有益的合格公民。

（二）师资队伍

由校内专业带头人和C公司专业带头人领衔的机电一体化技术专业教学团队

共同承担专业建设,专任教师学历比例、职称比例、双师比例以及企业兼职教师比例符合高等职业教育配比要求。

(三)实践教学条件

1. 校内实验实训条件

机电一体化技术专业有对应的实训室18个(附表1-4)。学校与无锡高新区头部企业共建智能制造基础实训室、智能制造虚拟仿真实训室、智能制造单元应用实训室、村田保全道场实训室、奥特维智能装调实训室,企业捐赠高速串焊机等设备价值1000万元。校内实验实训条件能够满足学生"基础技能""岗位核心技能""综合创新技能"三层次实践技能培养。

附表1-4 校内主要实验实训室一览表

序号	实验实训室名称	设备名称/数量	可开展实训项目
1	液压与气压传动实训室	力士乐气动试验台/8台 力士乐液压试验台/2台	单作用气缸的直接控制回路(控制活塞杆伸出) 双作用气缸的速度控制回路 使用磁感应开关控制回路 单缸连续往复动作回路(纯气动) 单缸连续往复动作回路(电气动)
2	电动机与电气控制实训室	电动机与电气控制实验台/10台	单相变压器的运行与维护 三相变压器的运行与维护 三相异步电动机的运行与维护 直流电动机的运行 三相异步电动机点动、连续运行电路的识读与制作 三相异步电动机正反转运行电路的识读与制作;三相异步电动机Y/△降压启动运行电路的识读与制作 三相异步电动机双速运行电路的识读与制作
3	电气控制系统线路安装实训室	电气控制线路安装与调试实训台/22台 照明线路安装、调试实训板/12块	单向启动控制线路配电板的配线及安装 接触器连锁正反转控制线路配电板的配线及安装

续表

序号	实验实训室名称	设备名称/数量	可开展实训项目
3	电气控制系统线路安装实训室	三相异步电动机/5台 DUTCHI® NL（星三角电动机）/1台 绿色铁制工具车/7台	星三角降压启动线路电板的配线及安装 照明电路安装与调试
4	钳工实训室	钳工台/20台	钳工实训
5	机械加工实训室	车床/20台 铣床/6台	零件加工工艺 编制零件加工工序卡 车床加工零件 用铣床加工零件
6	检测与传感实训室	传感器实验台/20套	光电开关的应用 光纤传感器的应用 磁开关的应用 温度传感器的应用 液位传感器的应用
7	西门子自动化实训室	YL-106A型电工技能实训考核平台/6套	可编程控制器的应用实践 PLC各类基本指令练习 PLC各类功能指令练习 触摸屏（HMI）的编程实践 PLC的通讯项目实践
8	运动控制技术实训室	自制变频与伺服实验台/17套	变频器的认知 变频器的安装与接线 变频器的运行与参数设置 PLC-变频器系统的安装与接线 PLC和变频器的通讯方法； PLC控制变频器的运行调试 PLC控制步进电动机的运行与调试 PLC控制步进电动机的运行与调试
9	单片机应用技术实训室	仿真器ICE52/25套 通用编程器VP-280/25套	八个LED流水灯 报警灯电路 时钟电路 LCD液晶显示电路 温度显示电路 电压检测控制电路的安装与调试 电压检测与显示电路安装与调试 模拟充电器的安装与调试

续表

序号	实验实训室名称	设备名称/数量	可开展实训项目
10	机器视觉检测技术实训室	机器视觉检测实训台/6台	齿轮缺齿项目 电子芯片缺角项目 六角螺母定位项目 手机钢化膜裂痕检测项目 汽车零部件长度测量项目
11	机床排故实训室	M7120磨床电气控制柜/3台 X5132铣床电气控制柜/3台 T68镗床电气控制柜/3台	仿真磨床电气控制线路维修与排故 仿真铣床电气控制线路维修与排故线路维修与排故 仿真镗床电气控制线路维修与排故线路维修与排故 电工中级工考证
12	MPS模块化生产线实训室	THMSR-X-2型MES网络型模块式柔性自动化生产线实训系统/6套	上料检测单元机械装调、编程与调试 搬运单元机械装调、编程与调试 加工与检测单元机械装调、编程与调试 搬运安装单元机械装调-、编程与调试 安装单元机械装调、编程与调试 分类单元机械装调、编程与调试 Profibus总线六站联网联调
13	智能制造基础性实训室	ABB机器人综合实训装置/7套	ABB工业机器人基本操作 ABB工业机器人示教编程 ABB工业机器人信号配置 ABB机器人搬运、码垛、涂胶示教编程
14	智能制造虚拟仿真实训室	计算机/60台	Robot Studio的离线编程 PQArt离线仿真编程 VC仿真编程 Solidworks三维设计 计算机绘图AutoCAD SEE Electrical智能电气设计
15	智能制造单元应用实训室	华航活塞发动机产品机器人多工艺生产线/2套 智能制造单元系统/1套	ABB工业机器人码垛 ABB工业机器人激光切割 ABB工业机器人抛光 ABB工业机器人去毛刺 ABB工业机器人零件装配 ABB工业机器人打磨 零件残次品剔除

续表

序号	实验实训室名称	设备名称/数量	可开展实训项目
15	智能制造单元应用实训室	华航活塞发动机产品机器人多工艺生产线/2套 智能制造单元系统/1套	活塞零件智能视觉检测 活塞发动机智能装配 执行单元的编程与调试 仓储单元的编程与调试 分拣单元的编程与调试 加工单元的编程与调试 打磨单元的编程与调试 视觉单元的编程
16	技能创新实训室	亚龙YL-158GA1型现代电气控制系统安装与调试实训考核装置/2套 亚龙YL-335B型自动化生产线安装与调试考核装置/1套 机电一体化实训装置/1套	三相交流异步电动机的点动控制电路连接 三相交流异步电动机单向连续转动的控制电路连接 三相交流异步电动机正、反转控制电路的连接 三相交流异步电动机Y-△启动控制 三相交流异步电动机反接制动控制电路的连接 按钮切换的双速电动机调速控制电路连接 温度控制器的使用 电动机转速多段控制 触摸屏、变频器、PLC的综合实训 交流伺服电动机的位置控制 三菱Q系列PLC与FX系列PLC CC-Link网络通信 三菱FX系列PLC N：N通信 上料单元装调、检测单元装调、分拣单元装调、加工单元装调、输送单元装调
17	奥特维智能装配实训室	高速串焊机设备/6套 机械装配实训台/6台 电气装配实训台/6台	机械装配与调试 电气控制线路安装与调试 专业综合实践
18	村田保全道场实训室	村田教育机/1套 特性编带机/3套	村田教育机综合实践 村田特性编带机综合实践 智能设备故障诊断与维修实践

2. 校外实训条件

无锡科技职业学院机电一体化技术专业现有校外实训基地20余家（附表

1-5），开展订单双元培养、顶岗实践、访问工程师、委派科研助理团队、技术开发、技术服务、创新教育等合作内容。

附表1-5　校外主要实践基地一览表

序号	基地名称	主要合作项目
1	无锡村田电子有限公司	校外专业带头人；人才培养方案制定；投入智能控制设备，共建村田保全道场实训室；共建现代学徒制人才培养中心；岗位实习和工学交替实践；教师实践及合作编写教材；提供兼职教师；开展技术讲座；设立无锡科技职业技术学院"村田杯"科技创新节
2	喜开理（中国）有限公司	订单班培养；毕业生实习；教师访问工程师等
3	爱普生精密光电(无锡)有限公司	设立奖学金；冠名班培养；学生顶岗实习基地；毕业生就业基地
4	博世汽车部件（苏州）有限公司	共建学徒制人才培养中心；参与人才培养方案制定；订单培养；提供企业兼职教师
5	博世汽车柴油系统股份有限公司	共建学徒制人才培养中心；开展技术讲座
6	联合汽车电子有限公司	共建学徒制人才培养中心；开展技术讲座；提供产业教授；学生顶岗实习基地；毕业生就业基地
7	无锡威孚高科技集团股份有限公司	开展技术讲座；学生顶岗实习基地，毕业生就业基地
8	纽豹智能识别技术(无锡)有限公司	接收顶岗实习；提供兼职教授；开展技术讲座
9	无锡奥特维科技股份有限公司	共建产业学院；共建实训室；人才互聘；订单班培养；开展技术讲座；学生顶岗实习基地；毕业生就业基地；开展技术服务；员工培训等
10	无锡先导智能装备股份有限公司	现代学徒制培养；提供产业教授；开展技术讲座；学生顶岗实习基地；毕业生就业基地等
11	新美亚电路（无锡）有限公司	学生顶岗实习基地；毕业生就业基地

续表

序号	基地名称	主要合作项目
12	无锡艾克特电气有限公司	参与人才培养方案制定；开展技术讲座；提供企业兼职教师
13	无锡横新软件工程有限公司	学生顶岗实习基地；开展技术讲座；提供企业兼职教师
14	无锡信捷电气股份有限公司	参与人才培养方案制定；参与课程开发；参与教材建设；提供企业兼职教师
15	北京华航唯实机器人科技有限公司	参与课程开发；教材建设；师资培训；1+X考证项目开发；实训基地建设
16	中科微至智能制造科技江苏有限公司	学生顶岗实习基地；毕业生就业基地
17	无锡埃姆维工业控制设备有限公司	接收顶岗实习；提供兼职教授；开展技术讲座；开展共推互聘项目
18	江苏中科贯微自动化科技有限公司	学生顶岗实习基地；毕业生就业基地
19	无锡合全药业有限公司	学生顶岗实习基地；毕业生就业基地
20	华虹半导体（无锡）有限公司	学生顶岗实习基地；毕业生就业基地

（四）教学组织与实施

1. 教学组织形式

本专业为促进学生"做中学、学中做、手脑并用、学以致用"，采用理论与实践相结合，教室与实训室相结合，校内实训室与校外实训基地相结合，构建"教育教学—科技研发—技术服务—技能培训—定岗生产—素质陶冶—创业孵化"于一体的产教深度融合智能制造实训基地，提供职业体验认知—仿真模拟训练—专业技能学习—企业项目开发—模拟岗位实习五大训练流程，实现实训教学与生产实践相统一。实施任务驱动、项目化教学、作品验证的教学模式，见附表1-6。

附表1-6　课程项目教学任务安排表

学期	任务	课程	学期项目作品
第一学期	基础知识（基础技能培养）	工程制图 电工技术	智能制造现场认知
第二学期	机电基础知识（岗位技能培养）	电子技术 PLC应用技术 电工电子实训 电气控制线路安装与调试	直流稳压电源电路 星三角启动控制电路
第三学期	机电关键技术（专业技能基础）	机械工程基础 液压与气压传动 检测与传感技术 单片机应用技术 机器视觉检测技术 工业机器人编程与操作 钳工实训 机械装配与调试 计算机绘图AutoCAD	简单气动控制回路 鸭嘴锤头
第四学期	机电综合技术（专业技能强化）	运动控制技术 工控网络与组态技术 智能设备故障诊断与维修 自动化生产线技术应用 SEE Electrical智能电气设计 Solidworks三维辅助设计	机械手控制 立体仓库控制
第五学期	生产性实践+岗位实习	专业综合实践、顶岗实习	专业综合实践、岗位实习
第六学期	岗位实习+毕业设计	岗位实习、毕业设计	岗位实习、毕业设计

2. 教学考核评价

根据课程类别、特点，对课程实施过程、学生平时学习情况、期末成绩、考级考证情况等进行综合分析，总结经验和不足，提出改进教学的建议。根据课程类型，采用不同的教学考核与评价方式。对学生教学评价，分为考核和考查两类，包括过程考核和期末总评（附表1-7～附表1-9）。

附表1-7　过程考核设计参考表

项目	评价方式	评价内容	分值
项目1	出勤情况（10%），作业得分（20%），课堂练习（30%），教师评分（40%）	项目各知识点	20
项目2	出勤情况（10%），作业得分（20%），课堂练习（30%），教师评分（40%）	项目各知识点	20
…	…	…	…
合计			100

附表1-8　考试课程总评成绩参考表

考核项目	考核内容	所占比例/%
综合素质考核	过程考核成绩	60
期终考核	期终考试	40

附表1-9　考查课程总评成绩参考表

考核项目	考核内容	所占比例/%
综合素质考核	过程考核成绩	60
期终考核	课程设计	40

十、毕业学分要求

毕业学分为134学分，其中课程学分126学分，区校一体化课程学分8学分。

十一、教学计划进程表及学时分配表

机电一体化技术专业教学进程表请见附表1-10。

附表1-10 机电一体化技术专业 教学计划进程表

模块名称	编号	项目与课程名称	学分	学时			各学期周学时分配						课程性质	学分合计
				总学时	授课	实践	1	2	3	4	5	6		
							17	19	19	19	19	17		
职业素养课程													必修	35
思政政治课程	1	*毛泽东思想和中国特色社会主义理论体系概论	4	64	32	32		2						
	2	思想道德修养与法律基础	3	48	32	16	2							
	3	形势与政策	1	48	48		每学期8课时							
分层教学课程	4	*大学英语	4	64	32	32	4							
	5	信息技术	3	48	24	24	3							
	6	*高等数学	4	64	64		4							
通识教育课程	7	文学鉴赏	2	32	16	16				2				
	8	大学生心理健康教育	2	32	32		2							
	9	大学生职业生涯规划	1	16	16				1					
	10	大学生创新与创业基础	1	16	16					1				
	11	创新创业实务	1	16	16			1						
体育课程	12	体育（1）（2）	4	64	4	60	2	2						
	13	体育技能（1）（2）	1	44		44			0.5周	0.5周				
军事课程	14	军事理论	2	36	18	18	1							
	15	军事技能	2	112		112	2周							
拓展课程	人文素质类	演讲与口才	2	32	16	16		2					限选6学分	12
		礼仪文化	2	32	16	16		2						
		艺术鉴赏	2	32	16	16				2				
	语言类	四级强化训练	2	32	32				2		2		任选6学分	
		六级强化训练	2	32	32				2		2			

续表

模块名称	编号	项目与课程名称	学分	学时			各学期周学时分配						课程性质	学分合计
				总学时	授课	实践	1	2	3	4	5	6		
							17	19	19	19	19	17		
职业素养课程	拓展课程	国史党史类 "四史"课程	1	16	16				1				任选6学分	12
		科技素养类	1	16	16				1					
		身体素质 体育竞赛训练	1	16		16			1					
		管理类	1	16	16				1					
		安全教育类	1	16	16				1					
专业群平台课程		1 应用数学	3	48	48			3					限选	24
		2 工程制图	3	48	24	24	3							
		3 *电工技术	4	64	48	16	4							
		4 *电子技术	3	48	36	12		3						
		5 *机械工程基础	5	80	80					5				
		6 *液压与气压传动	3	48	24	24				3				
		7 检测与传感技术	2	32	26	6				2				
		8 钳工	1	32		32			1周					
专业课程	专业核心课程	9 *PLC应用技术	3	48	24	24			3				必修	20
		10 *机器视觉检测技术	3	48	24	24				3				
		11 *单片机应用技术	3	48	24	24				3				
		12 运动控制技术	2	32	20	12					2			

续表

模块名称	编号	项目与课程名称	学分	学时			各学期周学时分配						课程性质	学分合计
				总学时	授课	实践	1	2	3	4	5	6		
							17	19	19	19	19	17		
专业课程	专业核心课程	13	*工控网络与组态技术	3	48	24	24				3			必修	20
		14	*智能设备故障诊断与维修	3	48	24	24				3				
		15	自动化生产线技术应用	3	48	24	24				3				
	专业实践课程	16	电工电子实训	1	32		32	1周							6
		17	电气控制线路安装与调试	1	32		32	1周							
		18	机械装配与调试	1	32		32			1周					
		19	计算机绘图AutoCAD	1	32		32			1周					
		20	SEE Electrical智能电气设计	1	32		32				1周				
		21	Solidworks三维辅助设计	1	32		32				1周				
	综合实践课程	22	专业综合实践	3	96		96				3周				19
		23	顶岗实习	8	256		256					25周			
		24	毕业设计(论文)	8	160		160					10周			
专业群共享课程		25	工业机器人编程与操作	3	48	12	36				3			任选10学分	10
		26	职业素养课	2	32	16	16		2						
		27	日语入门	3	48	48						3			
		28	C语言程序设计	2	32	32			2						
		29	精益生产管理	2	32	32					2				

续表

模块名称	编号	项目与课程名称	学分	学时			各学期周学时分配						课程性质	学分合计
				总学时	授课	实践	1 17	2 19	3 19	4 19	5 19	6 17		
专业群共享课程	30	数控编程与加工	3	48	24	24			3				任选10学分	10
	31	工控机应用技术	3	48	24	24				3				
	32	工业机器人操作与运维	3	48	24	24				3				
区校一体化课程	1	入学第一课	1	16	8	8	1						必修	8
	2	新年德育课	1	16	16			1		1				
	3	劳动教育和工匠精神	2	32	16	16	理论、讨论和实践							
	4	吴文化	1	16	16		讲座							
	5	诚信教育	0.5	16		16	在校期间诚信表现							
	6	规则教育	0.5	16		16	违纪、卫生、出勤等表现							
	7	实践活动	2	64		64	志愿者和暑期社会实践							
合计			134	2704	1244	1636	28	29	21	21	0	0		134

注 1. 课程名称前加"*"者为考试课,原则上每学期3门左右。
2. 以讲座等形式在多学期内组织教学的课程在该课程的最后学期录入成绩。
3. 原则上理工科总学分数为134,文科(含艺术)总学分数为132,总学时不低于2500,控制在2700以内。

附录2　机电一体化技术专业核心课程标准

《PLC应用技术》课程标准

课程名称：PLC应用技术　　　课程考核性质：考试
课时数：48　　学分：3
适用专业：机电一体化技术、智能控制技术

1. 前言

1.1 课程的性质

本课程是高等职业技术学院机电一体化技术、智能控制技术等专业的一门实用性很强的专业核心课程，以西门子或三菱 PLC作为控制器，以融合电动机、灯、气动电磁阀、传感器等的实践项目为被控对象，将控制命令信号转化为执行机构的有序动作，从而满足装备的动作要求和设备的工艺要求。为学生在今后的职业生涯中，阅读设备的电气控制图纸、阅读控制程序、设计PLC控制电路提供良好的基础。它需要以《电工技术》《电子技术》《液压与气压传动》《检测与传感技术》等课程的学习为基础，也是进一步学习《自动化生产线技术应用》《智能设备故障诊断与维修》等课程的基础。

1.2 设计思路

本课程的设置依据：企业所用的自动化设备是由一些运动部件有序的运动来实现特定的功能，这些有序的运动是由控制器控制执行机构得失电来实现的，占据主流市场的PLC就是实现设备有序动作的一种控制器。本课程作为机电类学生直接面向企业应用的一门课程，根据市场调研和企业人才需求分析，无锡科技职业学院机电一体化技术、智能控制技术专业毕业生所从事的工作岗位主要是设备的运行管理、维护、维修员，用电管理员、机电设备的生产管理员，发展岗位有设备控制系统设计、调试等。《PLC应用技术》课程的主要功能正是培养学生PLC硬件调试、软件编程、系统设计调试能力，因此本课程在机电类专业中处于非常重要的地位，应当作为专业核心课程和必修课程。

本课程立足于实际能力的培养，打破以知识传授为主要特征的学科课程模式，转变为以工作任务为中心组织课程内容和课程教学，让学生在完成具体项目的过程中来构建相关知识，并培养职业能力。经过与企业专家深入、细致、系统的讨论分析，本课程最终确定4个典型项目：PLC的应用基础、交流电动机的PLC控制、灯的PLC控制、气动设备的PLC控制。课程内容突出对学生职业能力的训练，理论知识的选取紧紧围绕工作任务的完成来进行，充分考虑了高等职业教育对理论知识学习的需要；同时充分考虑村田、博世等订单企业任职要求和任务需求，并融合了电工、可编程控制系统设计师对知识、能力的要求，确定本课程的内容。

本课程要求打破纯粹讲述的教学方式，实施项目教学以改变学与教的行为，以项目为载体来组织课程内容。项目内容的选取融合电动、气动、检测传感等多方面的知识，与生产实际更贴合。如"气动冲压机的PLC控制"，融合了气动电磁阀、电容式、电感式、光电式传感器以及电动机的控制。

为了更清楚地表述课程目标，提高课程目标对教学过程的指导价值，本课程采用表现性课程目标表达方法，用学生在相关课程内容掌握中所能表现出的实际行为来表述课程目标。技能要求的基本格式为"能（会）+程度用语+动词+对象"。本课程所涉及知识掌握的程度用语主要有"了解""熟悉""理解"。"了解"指对知识有基本印象，不要求学生熟记；"熟悉"指能熟练记住所学过的知识，能把它们熟练地复述出来；"理解"指能把握事物运行的原理，或进行特定技术操作的理由。

2. 课程目标

通过该课程的学习，使学生熟悉PLC控制的基本知识与基本技能，初步形成解决生产现场实际问题的应用能力；培养学生的思维能力和科学精神，培养学生学习新技术的能力；提高学生的综合素质，培养创新意识。

2.1 知识目标

掌握PLC的硬件组成、内存结构，理解PLC的输入/输出接线方法、编程语言；

掌握西门子编程软件的使用，理解程序的输入、下载、修改和在线调试等功能；

掌握西门子PLC的位逻辑指令、定时器指令、计数器指令，理解程序运行的原理，可以根据控制要求编写程序；

了解西门子PLC的传送类指令、整数计算指令及子程序调用指令，理解指令操作的原理可以根据控制要求编写简单程序。

2.2 技能目标

能正确使用常用电工工具，按照电路图正确接线；

能读懂并画出PLC控制电路图；

能够根据控制要求绘制流程图，并编写PLC程序进行调试；

能够对生产现场的各类机械设备进行分析并提出PLC解决方案，开展PLC系统的设计、调试工作；

能够通过一种类型PLC的应用迁移到另一种类型的PLC应用，对不同类型PLC的内存分配、输入输出端子及指令系统具有较强的理解运用能力。

2.3 职业素养目标

培养独立思考的学习习惯；

具有良好的团队合作意识；

增强学生的分析问题、解决问题和实践动手能力；

在实际工作中能创造性地完成各项任务；

熟悉安全规范、安全生产与环境保护的相关规定及内容。

3. 课程内容和要求（附表2-1）

附表2-1 课程内容和要求

序号	工作任务	知识要求	技能要求	学时
1	PLC的应用基础	掌握PLC的工作原理 了解CPU模块的结构 掌握PLC编程软件 掌握PLC仿真软件 掌握并理解PLC的通讯连接 掌握并理解PLC的接线-电源、输入和输出	能够完成PLC电气原理图的设计 能够完成PLC的电源、输入和输出端子的接线 能够熟练操作PLC编程软件，利用编程指令编写简单程序 能够使用PLC仿真软件对程序进行仿真 能够完成计算机和PLC的通讯连接、程序下载和上传	10
2	交流电动机的PLC控制	掌握编程基本逻辑指令及I、Q存储器的应用 掌握限位开关基本知识 掌握程序中互锁和自锁的应用 掌握PLC的定时器指令	能够绘制电动机控制项目的PLC电气原理图 能够编写PLC程序完成交流电动机正反转、星三角启动等电路的控制	12

续表

序号	工作任务	知识要求	技能要求	学时
2	交流电动机的PLC控制	掌握编程基本逻辑指令及I、Q存储器的应用 掌握限位开关基本知识 掌握程序中互锁和自锁的应用 掌握PLC的定时器指令	能够完成电动机控制项目元器件的合理布局 能够根据图纸完成电路的接线，且符合响应标准的要求 能够利用仪器仪表完成电路的测试，排查故障点	12
3	灯的PLC控制	掌握顺序循环控制的编程方法-TON定时器 掌握灯任意周期闪烁的编程实现-TON定时器 理解PLC输出口不能重复写输出的编程要点	能够编写程序控制三盏灯的顺序点亮 能够编写程序实现一盏灯的任意周期闪烁 能够编写程序实现路口交通灯的控制 能够根据图纸完成电路的接线，且符合响应标准的要求	10
4	气动设备的PLC控制	掌握PLC的计数器指令 掌握PLC的传送类指令 了解PLC的步进指令-SBR指令 掌握两线制磁开关、三线制电容式接近开关、光电开关及电磁换向阀的接线	能够熟练区分各类常用开关式传感器和气缸 能够根据传感器说明书理解传感器与PLC的电路接线要求 能够完成电气原理图设计 能够根据气缸动作和PLC程序流程排查故障，调节运行速度等	12
5	实践考核评价			4
总课时			48	

4. 实施建议

4.1 教材编写

本课程选用全国高等职业教育机电类专业"十三五"规划教材《PLC应用技术》。本教材由无锡科技职业学院智能制造学院PLC课程教学主讲教师编写，由中国铁道出版社出版。教材内容突出对学生职业能力的训练，理论知识的选取紧紧围绕工作任务的完成来进行，充分考虑了高等职业教育对理论知识学习和实践技能训练的需要。教材分九个章节进行讲解，每个章节包含指定的项目任务所需的理论知识和实践操作技能，除纸质文字内容以外，每个小节都配有二维码，学生可以扫描学习相关视频，下载PPT课件等，方便学生进行自主学习。

4.2 教学建议

（1）应加强对学生实际能力的培养，强化项目教学，注重以任务引领型项目作业来诱发学生兴趣，使学生在完成项目的过程中掌握知识和技能。

（2）注重学生实际操作能力培养；在实际操作前，强调用电安全（包括设备安全和人身安全），在操作过程中，加强监查，关注学生的行为是否规范，发现问题及纠正，让学生总体养成良好的行为规范（安全规范和操作规范）。

（3）以小组的形式（2~3人一组），充分发挥学生的互相指导作用，每个小组有一个负责人，老师对小组进行考核，并作为教师评价依据之一。

（4）教师必须重视实践，更新观念，加强校企合作，实行工学结合，走产学研相结合的道路，探索中国特色职业教育的新模式，为学生提供自主发展的时间和空间，为学生提供轮岗实训的机会与平台，积极引导学生提升职业素养，努力提高学生的创新能力。

4.3 教学条件

（1）专业教师要求：具备讲师（工程师）及以上职称，担任过相关专业课程的教学，最好具有在企业工作经历的人员。

（2）实训装备要求：要有能满足要求的实训场地：有两相和三相交流电，有可搭建PLC控制项目的试验台，具有多媒体教学设备。

4.4 课程资源

（1）注重实验实训指导书和实验实训教材的开发和应用。

（2）注重多媒体课件，教学视频等常用课程资源和现代化教学资源的开发和利用，这些资源有利于创设形象生动的工作情境，激发学生的学习兴趣，促进学生对知识的理解和掌握。同时，建议加强常用课程资源的开发，建立多媒体课程资源的数据库，努力实现跨学校多媒体资源共享，提高课程资源利用效率。

（3）积极开发和利用网络课程资源，本课程作为中国大学MOOC的SPOC课程，已连续开课多个学期，具有完善的配套资源，与教材内容配套的视频资源、PPT课件、CAD电路图、PLC程序资源均已具备，方便学生进行自主学习。

（4）产学合作开发实验实训课程资源，充分利用本行业典型的企业资源，加强产学合作，建立实习实训基地，实践工学交替，满足学生的实习实训需求，同时为学生的就业，创造机会。

4.5 教学评价（附表2-2）

附表2-2 教学评价

序号	任务	评价方式	评价内容	分值
1	PLC的编程与调试	实践考核	PLC电气原理图的设计能力（10分） PLC编程软件和仿真软件的使用能力（10分） 根据控制要求编写程序并下载调试的能力（20分）	40
2	课堂5S、作业等	过程考核	爱课程平台练习题和慕课堂考核（或平时考勤、作业）等	20
3	期末考试	笔试	知识的理解、应用、融会贯通	40
		合计		100

《机器人视觉检测技术》课程标准

课程名称：机器人视觉检测技术　　课程考核性质：考试
课时数：48　　学分：3
适用专业：机电一体化技术、智能控制技术、工业机器人技术

1. 前言

1.1 课程的性质

本课程是高等职业院校机电一体化技术等自动化类专业的一门重要的专业主干课程，目标是使学生了解机器视觉系统构成、熟悉相机与镜头的选型、光源的选型等，掌握视觉系统的硬件接线；熟悉机器视觉软件X-Sight平台的使用，能根据自动化生产线检测需求，选择合适的定位工具和计数工具，编写视觉检测程序并完成检测结果输出。通过本课程的学习，为学习后续课程和毕业后从事专业工作打下坚实的基础。

1.2 设计思路

根据自动化类专业工作任务与职业能力分析表中的相应职业能力要求，并根据智能制造技术及其对人才要求的变化进行调整。根据市场调研和企业人才需求分析，自动化类专业毕业生所从事的岗位需要具备一定程度的视觉检测技术能力。本课程设计与某公司合作开发，按照工程应用中的项目复杂程度，将《机器人视觉与传感技术》课程安排六个教学项目、屏幕裂痕视觉检测、橡皮圈缺圈视觉检测、六角螺母定位视觉检测、齿轮缺齿视觉检测、轴承缺珠视觉检测、芯片定位视觉检测。

本课程在教学活动中要从学生实际出发，坚持以高职教育培养目标为依据，基于本课程在专业知识、能力构筑中的位置及这门技术的特点，突出应用能力和综合素质培养，充分注意"教、学、做"三结合。注重学生的实践能力的培养，并鼓励学生大胆创新与实践，积极开发各种素材，不断生成与优化生成性学习资源。以学生为主体，充分调动学生学习的主动性、积极性，从而最为有效的促进学生职业能力发展，达到本课程的目标。

2. 课程目标

本课程的任务是使学生了解视觉技术的历史、现状与发展趋势，系统掌握机器视觉典型硬件构成，机器视觉处理软件，加深理解机器视觉在工业中的应用，具备一定的利用机器视觉系统解决相关实际问题的能力，培养学生的动手能力、分析问题和解决问题的能力。

2.1 知识目标

了解机器视觉的概念与发展现状；掌握机器视觉系统硬件组成、主要技术参数；掌握镜头、光源的选型方法；掌握X-Sight Studio机器视觉软件定位工具、测量工具、计数工具的使用。

2.2 技能目标

培养学生使用X-Sight Studio机器视觉软件的能力，解决工业控制中实际视觉问题的能力，提高学生计算机实际操作水平。

2.3 素质目标

具备良好的人际交流能力、团结协作精神、客户服务意识和不断进取的终身学习能力。

3. 课程内容和要求（附表2-3）

附表2-3 课程内容和要求

序号	工作任务	知识要求	能力要求	学时
1	项目1 屏幕裂痕视觉检测	1．掌握斑点计数和像素统计工具参数含义 2．掌握视觉脚本中"添加变量"的意义 3．熟练掌握脚本if/else语句应用	1．会运用"斑点计数工具"和"像素统计工具"统计手机屏幕裂痕数目 2．会编写手机屏幕裂痕脚本程序 3．能将手机屏幕裂痕检测项目中的全局变量通过modbus配置显示	8
2	项目2 橡皮圈缺圈视觉检测	1．熟悉轮廓定位工具参数设置及使用 2．掌握矩形像素统计工具参数设置及使用 3．掌握脚本程序编写流程 4．掌握++，--运算符的用法 5．掌握数组的用法	1．会使用轮廓定位工具定位六个橡皮圈位置 2．会编写位置随动、显示缺圈的具体位置的脚本程序 3．会使用if/else条件语句判断工件是否合格	8
3	项目3 六角螺母定位视觉检测	1．理解线定位、轮廓定位、图案定位等定位工具参数含义 2．理解角度测量工具参数含义 3．理解for循环语句，掌握冒泡排序法	1．会熟练使用线定位、轮廓定位、图案定位等定位工具 2．会熟练使用角度测量工具 3．能熟练编写脚本程序（取出中心坐标和角度、测量边线夹角、判断夹角是否在允许范围内）	8
4	项目4 齿轮缺齿视觉检测	1．熟悉斑点定位工具的使用 2．掌握斑点计数工具的参数含义 3．V掌握相机和PLC s7-1200间的通讯方法 4．掌握相机和触摸屏的连接	1．会使用斑点定位工具定位齿轮中心 2．使用圆内斑点计数工具，会解决检测区域内的中心坐标，随着定位工具的结果移动 3．会将机器视觉检测与PLC、触摸屏结合使用	8
5	项目5 轴承缺珠视觉检测	1．掌握硬件搭建的方法 2．理解定位工具和圆环段内像素统计计数工具参数含义 3．掌握斑点计数工具、中心随动编程	1．会使用圆环内圆定位工具 2．能正确使用圆环段内像素统计计数工具统计缺珠像素 3．会熟练编写像素统计工具脚本程序	8

续表

序号	工作任务	知识要求	能力要求	学时
5	项目5 轴承缺珠视觉检测	4. 掌握像素统计工具起始角度确定 5. 掌握for循环语句 6. 掌握触摸屏视觉检测全局变量显示的方法 7. 掌握视觉检测外部触发方式实现方法	4. 使用试触法调整像素统计起始角度 5. 会进行视觉检测的外部触发软硬件设置，并在触摸屏上实现视觉检测结果显示	8
6	项目6 芯片定位视觉检测	1. 掌握硬件搭建的方法 2. 掌握相机、镜头、光源等选型的方法 3. 掌握轮廓定位工具和矩形内像素统计工具的使用方法 4. 掌握轮廓定位工具参数和矩形内像素统计工具参数设置的方法 5. 理解"正数一元运算符++和--"实现递增或递减的方法 6. 掌握芯片坐标的程序实现方法 7. 掌握"芯片缺脚"的程序实现方法 8. 理解视觉相机和触摸屏中的不同坐标系 9. 掌握像素统计区域的触摸屏显示方法 10. 掌握视觉中像素统计区域坐标信息的MODBUS配置	1. 能选择合适的光源、相机与镜头进行硬件的搭建 2. 能对相机水平或竖直方向的像素数目进行计算 3. 能对镜头光圈、焦距和光源亮度进行调整 4. 能选择合适的定位工具、计数工具 5. 根据图像特征对轮廓定位工具的参数进行调整 6. 能对矩形内像素统计工具的继承类型合理应用 7. 具备脚本函数灵活运用能力 8. 具备调整像素基准值能力 9. 能正确进行视觉相机和触摸屏像素坐标的换算 10. 触摸屏设置能力 11. MODBUS配置能力	8
	总课时		48	

4. 实施建议

4.1 教材编写

按照人才培养方案，考虑对区域产业发展的智力支撑，本教材编写组邀请行业专家、企业和技术骨干,选择工程应用项目。按照企业生产流程,归纳整合各项目实际关联任务点和所需技能点,形成满足智能制造岗位(群)工作任务要求的典型工作,再将典型工作由易到难进行教材项目的设计。结合工业机器人装配调整工职业标准,将新技术、新方法、新标准引入教材,设计符合学生职业成长规律和职业技能培养的教材体系。教材呈现形态是"Mooc+文本+X",X包括二维码、数字化教材、课程智慧学习平台等。先有慕课,配套建设教材,达到"看了教材,就想看慕课;看了慕课,就想看教材"的目标。

4.2 教学建议

(1)本课程充分利用各项资源,应采用课件、视觉软件等手段加强直观性教学。

(2)在视觉教学中对理论性内容要求讲明概念,对算法不作推导,注重结论的应用。

(3)在教学过程中教师应立足于加强学生实际操作能力的培养,激发学生的成就感,可采用学生分小组合作学习的方法,强化学生的团队协作精神。

(4)教学过程中教师应发挥学生学习的自主性,为学生提供职业生涯发展的空间,培养学生获取、分析问题的能力。同时引导学生提升职业素养,形成职业习惯,培养创新能力。

4.3 教学条件

实训装备要求:智能相机、智能相机、安装X-Sight机器视觉软件的计算机等。

4.4 课程资源

(1)产学合作开发实验实训课程资源,充分利用本行业典型的企业资源,加强产学合作,实践工学交替,满足学生的实习实训需求,同时为学生的就业,创造机会。

(2)课程设计丰富的数字化资源,可以通过在线课程平台查看,同时将课程标准、教案、学习思维导图、微课视频、动画、课件、案例、操作演示和虚拟仿真、课堂练习、学习效果测评等数字化资源以二维码的形式融入了纸质教材中,可以通过手机终端实现课上和课下结合学习,助推传统课堂向智慧课堂升级。

4.5 教学评价（附表2-4）

附表2-4　教学评价

序号	任务	评价方式	评价内容	分值
一、项目评价（90%）				90
1	屏幕裂痕的视觉检测	自评组评及教师评分	1. 签到（1），课堂互动性、主动学习能力（1），团队协作、诚实守信（1），工匠意识、劳动精神（1） 2. 定位工具选用（2） 3. 计数工具选用（2） 4. 脚本程序编写（6） 5. Modbus配置（1）	15
2	橡皮圈缺圈视觉检测	自评组评及教师评分	1. 签到（1），课堂互动性、主动学习能力（1），团队协作、诚实守信（1），工匠意识、劳动精神（1） 2. 定位工具选用（2） 3. 计数工具选用（2） 4. 脚本程序编写（6） 5. Modbus配置（1）	15
3	六角螺母定位视觉检测	自评组评及教师评分	1. 签到（1），课堂互动性、主动学习能力（1），团队协作、诚实守信（1），工匠意识、劳动精神（1） 2. 定位工具选用（2） 3. 计数工具选用（2） 4. 脚本程序编写（6） 5. Modbus配置（1）	15
4	齿轮缺齿视觉检测	自评组评及教师评分	1. 签到（1），课堂互动性、主动学习能力（1），团队协作、诚实守信（1），工匠意识、劳动精神（1） 2. 定位工具选用（2） 3. 计数工具选用（2） 4. 脚本程序编写（6） 5. Modbus配置（1）	15

续表

序号	任务	评价方式	评价内容	分值
5	轴承缺珠视觉检测	自评组评及教师评分	1. 签到（1），课堂互动性、主动学习能力（1），团队协作、诚实守信（1），工匠意识、劳动精神（1） 2. 定位工具选用（2） 3. 计数工具选用（2） 4. 脚本程序编写（6） 5. Modbus配置（1）	15
6	芯片定位视觉检测	自评组评及教师评分	1. 签到（1），课堂互动性、主动学习能力（1），团队协作、诚实守信（1），工匠意识、劳动精神（1） 2. 定位工具选用（2） 3. 计数工具选用（2） 4. 脚本程序编写（6） 5. Modbus配置（1）	15
二、汇报展示（10%）				10
学生展示、拓展与创新	教师评分		学生讲演、知识拓展、创新精神	10
合计				100

《单片机应用技术》课程标准

课程名称：单片机应用技术　　课程考核性质：考试
课时数：48　　学分：3
适用专业：机电一体化技术

1. 前言

1.1 课程的性质

本课程是高等职业技术院装备制造大类自动化类专业的一门专业平台课程，目标是使学生具备对单片机产品的认知与进而进行维护的能力。它需要以《计算机应用基础》《电工技术》《电子技术》等课程的学习为基础。

1.2 设计思路

本课程的设置依据是装备制造大类自动化类专业工作任务与职业能力分析表中的相应职业能力要求，并根据装备制造大类自动化类专业相关行业技术发展趋势及其对人才的要求，根据市场调研和企业人才需求分析，无锡科技职业学院自动化类专业毕业生所从事的工作岗位分布等，单片机应用系统设计与维护能力是学生胜任这些岗位所需要的最基础和最重要的职业能力。本课程的主要功能正是培养学生单片机的应用分析能力，因此本课程在专业课程体系中处于非常重要的地位。

本课程立足于实际能力的培养，对课程内容的选择标准作了根本性改革，打破以知识传授为主要特征的传统学科课程模式，转变为以工作任务为中心组织课程内容和课程教学，让学生在完成具体项目的过程中来构建单片机应用系统的整体概念和相关理论知识，掌握单片机应用系统的结构与相关技术和工具的应用，发展职业能力。项目选取和设置：一个完整系统（总项目）+若干项目模块（子项目（+子项目若干方案）组成，确定本课程的教学目标并组织教学内容。突出对学生职业能力的训练，理论知识的选取紧紧围绕项目完成的需要来进行，充分考虑了高等职业教育对理论知识学习的需要。

为了更为清楚地表述课程目标，提高课程目标对教学过程的指导价值，本课程采用表现性课程目标表达方法，用学生在相关课程内容掌握中所能表现出的实际行为来表述课程目标。技能要求的基本格式为"能（会）+程度用语+动词+对象"。本课程所涉及知识掌握的程度用语主要有"了解""掌握"。"了解"指对知识有基本印象，不要求学生熟记；"掌握"指能把握事物运行的原理或进行特定技术操作的规律。

2. 课程目标

2.1 知识目标

了解单片机应用技术的发展和现状；了解单片机应用系统的设计过程、常用开发工具和环境；熟悉51系列单片机硬件系统：单片机结构组成、引脚功能、存储器结构等；掌握51单片机系统的C51程序设计方法；理解单片机定时器/计数器、中断、人机接口等常用模块知识。

2.2 技能目标

能读懂简单单片机应用系统电子原理图；掌握单片机应用系统中常用元器

件的应用能力；会搭建常用单片机应用系统；能初步建立单片机应用系统常见硬件故障判别与排除能力；能初步建立单片机应用系统软、硬件联调能力。

2.3 职业素养目标

培养独立思考的学习习惯；具有良好的小组与团队合作意识；增强分析问题、解决问题的能力；熟悉安全操作规范。

3. 课程内容和要求（附表2-5）

附表2-5 课程内容和要求

序号	学习情境	工作任务	知识要求	技能要求	学时
1	单片机使用入门	单个LED灯的控制	掌握单片机的定义 了解单片机分类 了解单片机特点及应用 理解单片机应用系统 了解单片机应用系统开发流程 理解单片机开发系统 掌握Keil μVision软件的使用方法 掌握51单片机烧录软件的使用方法	会安装与使用KEIL单片机开发软件 会安装与使用51单片机烧录软件 会应用单片机开发板与相关软件实现单个LED灯的硬件 了解软件编写、程序烧录、脱机工作的重现	8
2	单片机基础应用	蜂鸣器发声	理解单片机内部结构 掌握8051单片机引脚功能 理解数据存储器 掌握特殊功能寄存器 理解程序存储器 掌握单片机时钟电路 掌握单片机复位电路 理解单片机并行I/O口 了解蜂鸣器的基本知识	能够识别单片机开发板的元器件及对应功能 能够使用51单片机开发板来实现蜂鸣器发声的项目	4
		八个LED灯的控制	理解C51与ANSIC语言异同 掌握C51程序的基本结构 掌握C51基本与扩展数据类型 掌握常量与变量 掌握C51运算符 掌握顺序程序与表达式 掌握选择程序与选择语句 掌握循环程序与循环语句	会熟练使用KEIL开发软件实现单片机C51基本程序的编写	20

续表

序号	学习情境	工作任务	知识要求	技能要求	学时
2	单片机基础应用	八个LED灯的控制	掌握库函数 掌握用户自定义函数 掌握C51数组包括数组定义、一维数组、二维数组、字符数组	会熟练使用KEIL开发软件实现单片机C51基本程序的编写 能够使用51单片机开发板来实现八个LED灯的控制项目	20
3	单片机提高应用	调光台灯	理解定时器/计数器结构 掌握定时器/计数器编程控制 掌握定时器/计数器相关寄存器 掌握定时器/计数器的工作方式 掌握定时器/计数器的应用	会编写定时器、计数器程序 能够使用51单片机开发板来实现调光台灯的项目	8
		LED灯显示秒表	理解单片机中断的基本概念 理解中断系统的结构 掌握中断源 掌握中断请求标志 掌握中断允许控制 掌握中断优先级别 掌握中断处理过程包括：中断响应条件、中断响应过程、中断响应时间、中断请求撤除	会编写51单片机中断程序 能够使用51单片机开发板来实现LED显示秒表项目	8
			合计		48

4. 实施建议

4.1 教材选用

必须依据本课程标准选用或编写教材。贯彻让学生"既'懂'单片机，也会用单片机"的原则，要充分体现项目课程设计思想，以项目为载体实施教学，项目选取要科学、符合该门课程的知识和能力架构，让学生在完成项目的过程中掌握系统的单片机应用知识和技术，逐步提高职业能力。教材内容要反映新技术，使学生能够确实掌握单片机应用的最新知识；内容选取上本着理论与实践项目有机结合的原则，注重单片机知识结构、应用设计及制作训练。

4.2 教学建议

（1）应加强对学生实际职业能力的培养，强化项目教学，注重以实例或项目作业来诱发学生兴趣，使学生在对实例分析或完成项目的过程中掌握单片机应用技术。

（2）应以学生为本，注重"教"与"学"的互动。通过选用典型项目，由教师提出要求或示范，组织学生讨论、提出、筛选设计方案，让学生在实践中掌握本课程所希望达到的职业能力。

（3）以多媒体、实物或系统、实验及项目制作等多种方法来提高学生的学习兴趣，积极引导学生提升职业素养，努力提高学生的创新能力。

4.3 教学条件

（1）专业教师要求：具备讲师（工程师）及以上职称，有扎实的单片机应用设计基础，掌握较强的单片机开发设计环境的建立与工具使用能力和经验的人员，积极"赋能"教师以提升职业素养能力。

（2）实验及实训硬件建设要求：要有能满足上述要求的软件，并要有一定数量（20台套以上）的单片机开发实验系统及实训场地。

4.4 课程资源

（1）注重理论与实践相结合的、适合的项目教学教材的选用或自行编写，自行编写适合的实训指导书和实验实训教材，升级"教材"以推动教材改革。

（2）注重在线课程的建设，课程已经建设完成校级SPOC课程，同时在多媒体课件，教学视频，网络题库等信息化手段、教学资源上注重投入开发和利用，提高课前、课中、课后三者联系与结合，激活"教法"以推动教学改革。

（3）积极开发、研制单片机控制的实物应用教学实验模块，启发、培养学生的创新意识和能力，提升教学效果。

4.5 教学评价（附表2-6）

附表2-6 教学评价

序号	任务	评价方式	评价内容	分值
一、平时成绩（60%）				60
1	平时考核	教师评分	上课出勤、课堂互动、完成作业等	60
二、期末成绩（40%）				40
	期末考试	实践考核	知识的理解、应用、融会贯通，检查学生是否真正掌握项目任务规定的知识与技能	40
合计				100

《运动控制技术》课程标准

课程名称：运动控制技术　　课程考核性质：考查
课时数：32　　学分：2
适用专业：机电一体化技术、智能控制技术

1. 前言

1.1 课程的性质

本课程是高等职业技术学院自动化类专业的一门重要的专业课程。课程的主要任务是：结合变频与伺服行业的最新发展情况，通过理论、实践教学，使学生具备应用和维护变频器与伺服控制系统的基本能力；教会学生利用网络搜索技术资料的方法，使学生具备应用技术资料解决现场问题的能力；培养学生认真的工作作风和严谨的工作态度，树立学生的岗位责任意识；培养学生科学的思维方法和综合的职业能力，以适应职业教育发展的需要。它需要以《电工技术》《PLC应用技术》等课程的学习为基础，对促进职业素养的养成起重要作用。

1.2 设计思路

本课程的设置依据是自动化类专业工作任务与职业能力要求，并根据装备制造行业技术发展趋势及其对人才要求的变化趋势。根据市场调研和企业人才需求分析，根据市场调研和企业人才需求分析，无锡科技职业学院自动化类毕业生所从事的主要工作岗位有机电设备的运行管理、维护、维修，机电设备的生产管理，发展岗位有机电设备控制系统的设计、安装、调试等。运动控制技术应用能力是学生胜任这些岗位所需要的最基础和最重要的职业能力。《运动控制技术》课程的主要功能是培养学生变频与伺服控制技术的应用能力、实际动手操作能力、简单系统组建能力。

本课程立足于实际能力的培养，对课程内容的选择标准作了根本性改革，打破以知识传授为主要特征的传统学科课程模式，转变为以工作任务为中心组织课程内容和课程教学，让学生在完成具体项目的过程中来构建相关理论知识，并发展职业能力。经过与企业专家深入、细致、系统的讨论分析，本课程最终确定以变频器、步进电动机、伺服电动机等应用为主线来组织课程内容，据此确定了7个典型工作任务：PLC控制变频器的运行操作、PLC控制步进电动机的运行操作、PLC控制伺服电动机的运行操作等。课程内容突出对学生职业能力的训练，理论知识的选取紧紧围绕工作任务完成的需要来进行，充分考虑了高等职业教育对理论知识学习的需要；同时充分考虑村田、奥特维等订单企业的任职具体活动和任务需求，并融合了相关职业资格证书对知识、技能和态度的要求，确定本课程的目标与内容。

本课程在教学活动中要从学生实际出发，创设有助于学生自主学习的问题情境，引导学生通过实践、思考、探索、交流，获得知识，形成技能，发展思维，学会学习，促进学生在教师指导下主动地、富有个性地学习。在教学活动中，教师应发扬教学民主，成为学生学习专业知识的组织者、引导者、合作者；要善于激发学生的学习潜能，鼓励学生大胆创新与实践，要创造性地使用教材，积极开发利用各种教学资源，为学生提供丰富多彩的学习素材；注意运动控制技术的新发展，适时引进新的教学内容。按照学生学习的规律和特点，以学生为主体，充分调动学生学习的主动性、积极性。从而最为有效地促进学生职业能力发展，达到本课程的目标。

为了更清楚地表述课程目标，提高课程目标对教学过程的指导价值，本课程采用表现性课程目标表达方法，用学生在相关课程内容掌握中所能表现出的实际行为来表述课程目标。技能要求的基本格式为"能（会）+程度用语+动词+对象"。本课程所涉及知识掌握的程度用语主要有"了解""熟悉""理解"。"了解"指对知识有基本印象，不要求学生熟记；"熟悉"指能熟练记住所学过的知识，能把它们熟练地复述出来；"理解"指能把握事物运行的原理，或进行特定技术操作的理由。

2. 课程目标

通过本课程的学习，使学生掌握常见变频与伺服系统的基本结构、接线、参数设置等，以及常见变频与伺服系统的组成以及在设备和生产线上的应用。了解常见变频与伺服系统的组装及一般故障排除。

2.1 知识目标

熟悉变频与伺服系统的基础知识；理解变频与伺服系统的基本结构、特点及应用。

2.2 技能目标

具备识图能力，能够分析一般的变频与伺服系统电路图；能够设计和搭建简单的变频与伺服系统。

2.3 素质目标

具备良好的动手能力，能排除各种常见故障；具有良好的团队协作精神和创新意识。

3. 课程内容和要求（附表2-7）

附表2-7 课程内容和要求

序号	项目	工作任务	知识要求	技能要求	学时
1	变频器的控制	任务1 变频器的功能及结构认知	了解变频器的作用与特点 熟悉变频器的用途 了解变频器的特点 熟悉变频器内部电路和外部端子接线 熟悉常用电力电子器件特点 掌握常用整流电路的分析方法	会根据图纸进行变频器的接线 能识别变频器主电路的主要元器件 能判别晶闸管的好坏 会分析常见整流电路	2
2		任务2 变频器的面板操作与运行	熟悉变频器的面板操作 熟悉变频器的参数	能根据要求进行变频器的面板操作 能根据要求设置变频器的参数 能根据要求实现变频器的正反转、点动、频率调节操作	2
3		任务3 开关量控制变频调速电路	掌握变频器基本参数的输入方法 掌握变频器输入端子的操作控制方式 熟练掌握变频器的运行操作过程	会根据图纸进行变频器外部运行模式的接线 会根据任务要求正确输入变频器的参数 能根据任务要求实现变频器的端口控制	4
4		任务4 变频器的多段速运行操作	掌握变频器的多段速频率控制方式 掌握变频器多段速频率控制的参数设置 熟练掌握变频器的多段速频率运行操作过程	会根据图纸进行变频器多段速运行的接线 会根据任务要求正确设置频器的参数 能根据任务要求实现变频器的多段速频率控制	4

续表

序号	项目	工作任务	知识要求	技能要求	学时
5	变频器的控制	任务5 PLC控制变频器的运行操作	理解PLC控制变频器的连接原理 掌握PLC控制变频器的编程方法 熟悉PLC控制变频器的调试方法	会根据系统要求正确连接PLC和变频器 会根据系统要求正确设置变频器的参数 会根据系统要求正确编写PLC程序 会调试PLC-变频器控制系统	4
6	步进电动机的控制	任务6 PLC控制步进电动机的运行操作	熟悉步进伺服系统的组成 掌握PLC、步进电动机驱动器与步进电动机的连接方法 熟悉步进电动机驱动器的参数设定方法 熟悉PLC控制步进电动机编程； 熟悉PLC控制的步进伺服系统的调试方法	会正确连接步进电动机与驱动器 会正确连接PLC、步进电动机驱动器与步进电动机 会设定步进驱动器的参数 能根据要求编写PLC控制步进电动机的程序 会调试PLC控制步进伺服系统	8
7	伺服电动机的控制	任务7 PLC控制伺服电动机的运行操作	熟悉交流伺服系统的组成 掌握PLC、交流伺服电动机驱动器与交流伺服电动机的连接方法 熟悉交流伺服电动机驱动器的参数设定方法 熟悉PLC控制伺服电动机的编程 熟悉PLC控制的交流伺服系统的调试方法	会正确连接PLC、交流伺服电动机驱动器与交流伺服电动机 会设定交流伺服驱动器的参数 能根据要求编写PLC控制伺服电动机的程序 会调试PLC控制交流伺服系统	8
其它			机动		
			考核评价		
总课时			32		

4. 实施建议

4.1 教材编写

依据本课程标准编写任务式校本教材。要充分体现项目课程设计思想，以适应社会需要为目标，以培养技术应用能力为主线，以理论知识的必需、够用为原则进行。教材内容要反应新技术，并在内容选取上本着理论与实践一体化的原则，使学生能够及时、准确地掌握机电一体化和智能控制技术应用的最新知识。

4.2 教学建议

（1）应注重进行安全教育，在实践操作前，强调用电安全（包括设备安全和人身安全），在操作过程中，加强监查，关注学生的行为是否规范，发现问题及纠正，让学生总体养成良好的行为规范（安全规范和操作规范）。

（2）应加强对学生实际职业能力的培养，强化项目教学，注重以任务驱动和项目作业来诱发学生兴趣，使学生在完成项目的过程中掌握自动化设备的编程、操作和调试等相关技能。

（3）应以学生为本，注重"教"与"学"的互动。通过选用典型活动项目，由教师提出要求或示范，组织学生进行活动，让学生在活动中增强职业意识，掌握本课程的职业能力。

（4）应注重职业情景的创设，以多媒体、录像、软件仿真、实验实训等多种方法来提高学生分析问题和解决问题的职业能力。

（5）教师必须重视实践，更新观念，加强校企合作，实行工学结合，走产学研相结合的道路，探索中国特色职业教育的新模式，为学生提供自主发展的时间和空间，为学生提供轮岗实训的机会与平台，积极引导学生提升职业素养，努力提高学生的创新能力。

4.3 教学条件

专业教师要求：具备讲师（工程师）及以上职称，有扎实的设计理论基础，掌握较强的项目实施应用操作技能与经验的人员。

实训装备要求：要有能满足上述要求的实训装置，实训场地要有多媒体教学设备。

4.4 课程资源

（1）注重实验实训指导书和实验实训教材的开发和应用。

（2）注重多媒体课件，教学视频等常用课程资源和现代化教学资源的开发和利用，这些资源有利于创设形象生动的工作情境，激发学生的学习兴趣，促进学生对知识的理解和掌握。同时，建议加强常用课程资源的开发，建立多媒体课程资源的自动化生产线技术应用，努力实现跨学校多媒体资源共享，提高课程资源利用效率。

（3）积极开发和利用网络课程资源，充分利用诸如电子书籍、电子期刊、数据库、数字图书馆、教育网站和电子论坛等网络信息资源，使教学从单一媒体向多种媒体转变；教学活动从信息的单向传递向双向交换转变；学生单独学习向合作学习转变。同时应积极创造条件搭建远程教学平台，扩大课程资源的交互空间。

（4）产学合作开发实验实训课程资源，充分利用本行业典型的企业资源，加强产学合作，建立实习实训基地，实践工学交替，满足学生的实习实训需求，同时为学生的就业，创造机会。

4.5 教学评价（附表2-8）

附表2-8 教学评价

序号	典型工作任务	评价方式	评价内容	分值
1	平时成绩	教师评分	由主讲教师根据学生线上出勤情况、课堂的学习状况、实践任务完成情况及作业进行考评，根据学院相应教学管理规定、学生守则等进行打分	60
2	期末测试	教师评分	由主讲教师根据学生试卷考评，考试兼顾基本知识与拔高题，注重考查学生综合应用能力	40
合计				100

《工控网络与组态技术》课程标准

课程名称：工控网络与组态技术　　课程考核性质：考试
课时数：48　学分：3
适用专业：机电一体化技术

1. 前言

1.1 课程的性质

本课程是高等职业技术院校机电一体化技术专业的一门主要专业课程。教学内容主要包括：N：N通信的定义和实现方法，网络读写指令的设置和调用；Profibus通信的特点、系统构建方法及应用实例；TCP/IP通信的特点、系统构建方法及应用实例；组态软件欢迎画面设计；按钮指示灯控制系统的组态；玻璃机械控制系统动画组态设计；机械手控制系统设计。

本门课程牢固树立理论联系实际的观点，扩大学生在网络通信技术、组态软件技术及自动控制技术新知识、新发展、新应用方面的视野，为今后从事专业工作打下坚实的基础。本课程先导课程为《PLC应用技术》《计算机应用基础》，后续课程为《自动化生产线技术应用》等。

1.2 设计思路

本课程的设置依据是机电专业工作任务与职业能力分析表中的相应职业能力要求，并根据自动控制行业技术发展趋势及其对人才要求的变化进行调整。根据市场调研和企业人才需求分析，无锡科技职业学院机电专业毕业生所从事的工作岗位主要是机电一体化设备的运行、维修和维护等，组态软件控制技术能力是学生胜任这些岗位所需要的基础职业能力之一。本课程的主要功能正是培养学生触摸屏的使用和编程能力，因此本课程在机电专业中具有一定的地位，应当作为专业必修课程。

本课程立足于实际能力的培养，对课程内容的选择标准作了根本性改革，打破以知识传授为主要特征的传统学科课程模式，转变为以工作任务为中心组织课程内容和课程教学，让学生在完成具体项目的过程中来构建相关理论知识，并发展职业能力。经过与企业专家深入、细致、系统的讨论分析，本课程最终确定了以下8个典型工作任务：工控网络通信基础、N：N通信技术及其应用、Profibus现场总线及其应用、TCP/IP现场总线及其应用、欢迎画面组态、按钮指示灯控制系统的组态、玻璃机械控制系统动画组态、机械手控制系统设计等。课程内容突出对学生职业能力的训练，理论知识的选取紧紧围绕工作任务完成的需要来进行，充分考虑了高等职业教育对理论知识学习的需要，确定本课程的目标与内容。

本课程要求打破纯粹讲述的教学方式，实施项目教学以改变学与教的行为，以项目为载体来组织课程内容。课程实际项目设计既有在企业中应用的普遍性和典型性，又能最为有效地促进学生职业能力发展，达到本课程的目标。

本课程的建设将与业务规范、技术先进的机电类企业紧密合作，遵循学院与企业"工作任务合作完成""工作岗位交替互换""工作环境共建共享"的建设思路,按照课程的实际工作任务、工作过程、工作职责和工作场景进行课程内容的设计、教学模式设计、实施方案设计、共享资源设计、教学队伍建设和校内外实训基地建设,使教师和学生置身于知识和职业活动高度融合的情境之中,培养教师和学生的具体职业工作能力和综合职业素养。

为了更清楚地表述课程目标,提高课程目标对教学过程的指导价值,本课程采用表现性课程目标表达方法,用学生在相关课程内容掌握中所能表现出的实际行为来表述课程目标。技能要求的基本格式为"能(会)+程度用语+动词+对象"。本课程所涉及知识掌握的程度用语主要有"了解""熟悉""掌握"。"了解"指对知识有基本印象,不要求学生熟记;"熟悉"指能熟练记住所学过的知识,能把它们熟练地复述出来;"掌握"指用事物运行的原理或特定技术操作在实践中的熟练应用。

2. 课程目标

通过本课程的学习,学生能了解工控网络的特点及类型,掌握N:N主从通信、Profibus通信、TCP/IP通信等技术;了解触摸屏使用和编程的基本方法,了解项目的组态、画面的组态、画面元素的组态、与PLC的连接、趋势视图的组态、报警视图的组态和用户视图的组态方法;能熟练操作MCGS软件;培养学生触摸屏编程的基本能力和团队沟通与协作能力。

职业能力培养目标:

能进行N:N主从通信的设置及编程;

能进行Profibus通信的设置及编程;

能进行TCP/IP通信的设置及编程;

能熟练操作触摸屏界面;

能熟练应用MCGS软件;

能进行触摸屏软件编程;

能进行离线和在线调试。

3. 课程内容和要求（附表2-9）

附表2-9　课程内容和要求

序号	工作任务	知识要求	技能要求	学时
1	工控网络通信基础	了解工控网络的发展 掌握工控网络的结构及其特点 掌握几种有影响的工控网络 掌握数据传输技术和数据交换技术 了解工控网络通信模型的主要特点 了解工控网络的任务	能了解目前市场最常见的工控网络的结构及其特点 能理解工控网络通信技术对未来自动控制系统的影响 能掌握数据通信及计算机网络的基本结构 能了解工控网络的特点和主要任务	3
2	N:N通信技术及其应用	掌握N:N通信的定义 掌握N:N通信的实现方法 掌握N:N通信的网络通信指令的设置和调用	能掌握实现两台PLC之间的N:N主从通信 能掌握实现三台PLC之间的N:N通信方法	9
3	Profibus现场总线及其应用	了解Profibus通信系统中设备的分类和所起的作用 了解Profibus总线的发展、特点及应用范围 了解Profibus通信系统的通信方式 掌握Profibus通信系统的构建方法	能实现两台PLC之间的Profibus通信 能掌握实现三台之间的Profibus通信	9
4	TCP/IP现场总线及其应用	了解TCP/IP总线的发展、特点及应用范围 掌握西门子TCP/IP现场通信系统的构建方法	能实现两台PLC之间的TCP/IP主从通信	3
5	欢迎画面组态	熟悉MCGS设计软件的安装与使用方法 了解触摸屏的功能和应用 熟悉单一项目的组态方法 熟悉单一画面的组态和基本画面元素的组态	能基本使用MCGS设计软件的安装与使用方法 能创建触摸屏项目、画面和基本画面元素 能简单地操作离线调试	3

续表

序号	工作任务	知识要求	技能要求	学时
6	按钮指示灯控制系统的组态	熟悉按钮指示灯的控制原理 熟悉多画面的组态和结构树的定义 熟悉复杂画面元素的组态 熟悉库的使用	能熟练使用MCGS设计软件的安装与使用方法 能创建触摸屏项目、画面和基本画面元素 能熟练地操作离线调试 具备按钮指示灯控制系统的组态能力	6
7	玻璃机械控制系统动画组态	熟悉组态软件对象元件库管理的使用 熟悉动画构件关联实时数据库对象 熟悉循环策略中脚本程序的设计方法	能熟练组态软件对象元件库管理的使用 能熟练组态循环策略中脚本程序的设计方法 初步具备联机的在线调试	6
8	机械手控制系统设计	熟练掌握数据库定义 熟悉机械手控制系统界面设计、仿真程序编写	能熟练掌握机械手控制系统设计操作方法 能操作联机的在线调试	9
	总课时		48	

4. 实施建议

4.1 教材编写

必须依据本课程标准选用或编写教材。要充分体现知识和能力的工程性、系统性、应用性，实例和项目选取要科学、符合学习科学的规律，让学生在完成分析的过程中逐步提高职业能力，同时要考虑可操作性。教材内容要反映新技术，并在内容选取上本着理论与实践一体化的原则，注重工程应用的实际训练，使学生能够及时、准确地掌握控制科学技术的最新知识。

4.2 教学建议

在教学活动中，教师应发扬教学民主，成为学生学习专业知识的组织者、引导者、合作者；要善于激发学生的学习潜能，鼓励学生大胆创新与实践，要创造性地使用教材，积极开发利用各种教学资源，为学生提供丰富多彩的学习素材。按照学生学习的规律和特点，以学生为主体，充分调动学生学习的主动性、积极性。在教学活动中要积极改进教学方法，重视现代教育技术在教学中的应用，理论联系实际，启迪学生的科学思维。实践教学中验证性实验与技能训练相结合，以实际操作为主，着重学生技术应用能力的形成与发展。在教学过程中，多用讲练结合、多媒体课件、观看录像、实验测试等方法提高学习效果。教学活动可根据内容在专业教室或实训基地进行。

4.3 教学条件

（1）专业教师要求：具备讲师（工程师）及以上职称，有扎实的控制和工程分析应用背景，掌握较强的控制分析平台工具的人员。

（2）实验装备要求：西门子PLC实训装置；或者要有能满足上述要求的软件，并要有计算机，实训场地要有多媒体教学设备。

4.4 课程资源

（1）注重多媒体课件，教学视频等常用课程资源和现代化教学资源的开发和利用，这些资源有利于创设形象生动的工作情境，激发学生的学习兴趣，促进学生对知识的理解和掌握。

（2）积极开发和利用网络课程资源，充分利用诸如电子书籍、电子期刊、数据库、数字图书馆、教育网站和电子论坛等网络信息资源，使教学从单一媒体向多种媒体转变；教学活动从信息的单向传递向双向交换转变；学生单独学习向合作学习转变。同时应积极创造条件搭建远程教学平台，扩大课程资源的交互空间。

4.5 教学评价（附表2-10）

附表2-10 教学评价

序号	任务	评价方式	评价内容	分值
一、平时成绩（60%）				60
1	N：N通信及其应用	教师评分（100%）	1. 是否按照要求连接电路 2. 任务要求的功能是否实现 3. 任务要求的程序是否调试正确 4. 对任务功能的理解与思考	15
2	TCP-IP通信及其应用	教师评分（100%）	1. 是否按照要求连接电路 2. 任务要求的功能是否实现 3. 任务要求的程序是否调试正确 4. 对任务功能的理解与思考	15

续表

序号	任务	评价方式	评价内容	分值
3	按钮指示灯控制系统的组态	教师评分（100%）	1.按钮指示灯控制系统的组态运行 2.小组协作能力，交流沟通能力 3.自主解决问题能力	15
4	玻璃机械控制系统动画组态	教师评分（100%）	1、实现玻璃机械控制系统动画组态运行 2.小组协作能力，交流沟通能力 3.自主解决问题能力	15
二、期末成绩（40%）				40
期末考试		笔试	考试注重学生综合职业能力。试题覆盖面广泛，按照60%的试题属于基本知识、基本技能方面的内容；30%的试题属于考核灵活运用，具有一定的难度；10%的试题应有更高的深广度和难度的要求出题	40
合计				100

《智能设备故障诊断与维修》课程标准

课程名称：智能设备故障诊断与维修　　课程考核性质：考试
课时数：48　　学分：3
适用专业：机电一体化技术、智能控制技术

1. 前言

1.1 课程性质

本课程主要包含机电设备的故障分类、机械设备的故障诊断及维修、液压传动设备的故障诊断及维修、电气设备的故障诊断及排除，以及维修计划的制定与管理等几大部分内容；本课程的教学目的是使学生全面掌握机电设备的常见故障的诊断方法，以及故障的处理方法，学会机电设备的日常维护工作，胜任现代化工厂的机电设备维修保障工作。由于本课程是自动化类两个专业重要的专业技能课，需要综合运用所学专业课知识。所以本课程是学生完成所学其他专业课程之后的一门必修的专业课程。

1.2 设计思路

（1）课程设置依据：职业岗位对自动化类学生对机电设备的使用及维护的要求，具体如下：

了解常用机电设备的性能、结构及工作原理；

能够熟练使用、操作常见的机电设备；

掌握对机电设备实施常规监测与检测，并根据结果对故障设备进行诊断；

掌握对机电设备的机械系统、数控系统、电气系统故障进行日常维护及维修；

掌握含有PLC的机电设备及数控机床等识读报警故障信息，并根据信息提示进行简单的故障处理。

（2）课程内容选择标准：电气、机械行业企业对机电设备使用、维护的专业技能及专业知识。

（3）载体：以任务驱动、项目教学、案例教学等为载体，充分利用现有设备，突出能力和技能的培养。

2. 课程目标

通过本课程的学习，学生能够了解机电设备的常见故障，掌握对机械系统、液压系统、电气系统的诊断技术、能够实施常规检测并根据不同的故障选择合适的维修方式，同时为后续的机电一体产品的安装与调试、自主创新实践、毕业设计等专业实践课打下良好的理论基础。具体如下：

2.1 知识目标

了解零部件失效的机理；

掌握机电设备故障诊断的常用的方法；

初步掌握机械设备维修方式；

掌握机床电气维修技术；

了解设备维修管理的相关内容。

2.2 能力目标

具备简单的故障处理能力；

具备根据故障现象，判明故障种类，并能说出一定的处理方法，提出预防措施的能力；

初步具备使用常用诊断仪器的能力；

能够针对不同的故障，综合具体条件选择合适的维修方式；

初步具备典型设备的维护能力。

2.3 素养目标

安全意识；责任意识；效益意识；节能意识；团队合作精神。

3. 课程内容和要求（附表2-11）

附表2-11 课程内容和要求

序号	工作任务	知识要求	技能要求	学时
1	机电设备的故障及诊断技术	了解机电设备故障概念及故障的分类 掌握零部件失效的机理及失效的种类 熟悉故障诊断的主要环节 掌握各种常见的诊断仪器的工作原理	能结合故障现象对设备故障的性质进行诊断与分析 会使用常规的检测仪器 能够实施常规状态检测 能够阅读检修相关的技术文件 能够填写日常维护的相关文件、做好维修记录	6
2	机械系统的维修	了解机械设备维修的主要形式 熟悉机械零件修理工艺规程拟定的过程 了解机械修复技术、焊接修复技术、电镀修复技术及喷涂等各种修复技术 熟悉各种修复技术的特点及应用范围	能够识读各种机械故障 能够根据故障情况选择合适的维修技术 能够分析各种维修方式的优缺点 能够选择各种维修技术的维修设备 会填写维修记录	12
3	电气系统的故障诊断与检修	了解常用电器设备的性能及特点 熟悉电气系统故障的特点及故障种类 熟悉电气设备故障的诊断方法	能识读电气设备的各种技术文件（原理图等） 能够通过操纵，确定故障的大致范围 会使用常用检测仪表	16

续表

序号	工作任务	知识要求	技能要求	学时
3	电气系统的故障诊断与检修	掌握电气设备故障的排除方法 了解数控机床的基本组成及各部分的功能 了解数控机床的故障特点及分类 掌握数控机床常见故障现象及故障诊断与排除方法	能够利用万用表确定故障的具体部位 能够实施电气常见故障的排除 能够对数控机床常见故障进行诊断与排除 会电气故障的应急处理 会填写维修记录	16
4	液压设备系统的诊断与维修	了解液压设备的基础知识 掌握液压设备的故障特点及故障种类 熟悉液压系统故障诊断和维修的基本方法及步骤 掌握液压元件常见的故障现象、故障诊断和维修方法	能分析液压元件常见故障的原因及排除的方法 能正确操作与维护液压传动设备 能正确分析、准确判断液压传动设备的故障部位至具体器件 会填写维修记录	6
5	机电设备维修管理	了解机电设备维修管理的基础知识 熟悉各种管理的类别及编制的依据 熟悉信息系统在设备维修管理中的功能与应用	能对各种机电设备维修管理信息进行分类 会编制简单的设备修理计划	6
	其他	机动		2
	总课时			48

4. 实施建议

4.1 教材编写

选用适合高职高专教学内容的教材或者自编教材。

4.2 教学建议

（1）应加强对学生实际职业能力的培养，强化任务驱动及项目教学，注重以工程项目实施来诱发学生的学习兴趣，使学生在完成项目或具体工作任务的过程中掌握电动机的应用与日常维护。

（2）应以学生为本，注重学生自主学习能力的培养。在实施项目或任务之前,应下发任务单(任务单中包含项目或任务进行所必需的知识或仪器、仪表使用方法及注意事项等)。最初,学生强迫通过多种渠道查找资料,并完成资料的筛选来填写任务单;逐渐地学生把查找资料、提前准备作为一种习惯;到最后能够主动查找相关信息,学会自主学习。

(3)应注重多种教学手段应用。运用多媒体、录像、案例分析、实验等多种教学手段,使抽象的理论知识便于理解,提高学生分析问题和解决问题的职业能力。

(4)教师必须重视实践,更新观念,加强校企合作,实行工学结合,走产学研相结合的道路,探索中国特色职业教育的新模式,为学生提供自主发展的时间和空间,为学生提供轮岗实训的机会与平台,积极引导学生提升职业素养,努力提高学生的创新能力。

4.3 教学条件

(1)专业教师要求:具备讲师(工程师)及以上职称,有扎实的设备故障诊断与维修的理论基础,有较强的现场机电设备应用和维护经验和能力。

(2)实训装备要求:具备一定数量的生产制造设备、废旧生产线及相关资料;万用表、兆欧表、压力表、拆卸必须的不同型号的工具等。

4.4 课程资源

(1)注重实验实训指导书和学生工作手册的开发和应用。

(2)注重多媒体课件,教学视频等常用课程资源和现代化教学资源的开发和利用,这些资源有利于创设形象生动的工作情境,激发学生的学习兴趣,促进学生对知识的理解和掌握。

4.5 教学评价(附表2-12)

附表2-12 教学评价

序号	任务	评价方式	评价内容	分值
一、平时成绩(60%)				60
1	机电设备的故障及诊断技术	分小组进行: 个人自评(20%) 小组评分(20%) 教师评分(60%)	1.课后作业 2.小组协作能力,交流沟通能力 3.自主解决问题能力	5

续表

序号	任务	评价方式	评价内容	分值
2	机械系统的维修	分小组进行： 个人自评（20%） 小组评分（20%） 教师评分（60%）	1.拆卸、安装是否达到标准 2.故障位置、性质判断是否准确 3.故障排除是否正确 4.小组协作能力，交流沟通能力 6.自主解决问题能力	20
3	电气系统的故障诊断与检修	分小组进行： 个人自评（20%） 小组评分（20%） 教师评分（60%）	1.拆卸、安装是否达到标准 2.故障位置、性质判断是否准确 3.故障排除是否正确 4.小组协作能力，交流沟通能力 6.自主解决问题能力	20
4	液压设备系统的诊断与维修	分小组进行： 个人自评（20%） 小组评分（20%） 教师评分（60%）	1.拆卸、安装是否达到标准 2.故障位置、性质判断是否准确 3.故障排除是否正确 4.小组协作能力，交流沟通能力 6.自主解决问题能力	5
5	机电设备维修管理	分小组进行： 个人自评（20%） 小组评分（20%） 教师评分（60%）	1.课后作业 2.小组协作能力，交流沟通能力 3.自主解决问题能力	10
二、期末成绩（40%）				40
	期末考试	笔试考核（开卷）	知识的理解、应用、融会贯通	40
合计				100

《自动化生产线技术应用》课程标准

课程名称：自动化生产线技术应用　　课程考核性质：考查

课时数：48学时　　学分：3

适用专业：机电一体化技术、智能控制技术

1. 前言

1.1 课程的性质

本课程是高等职业教育专科专业机电一体化技术、智能控制技术专业的一门专业核心课程，本课程以典型自动化生产线系统作为载体，整个系统分为上料检测单元、搬运单元、加工与检测单元、搬运安装单元、安装单元和分类单元，综合应用了机械、气动控制、电气传动与控制、传感检测、PLC以及工业网络控制技术，生产线的传感检测、传输与处理、控制、执行与驱动等机构在PLC控制器的协调下有序工作并有机融合。该课程为学生在今后的职业生涯中，分析自动化设备系统组成，调试自动化设备，综合应用机、电、气等技术提供良好的基础。

1.2 设计思路

本课程的设置依据：企业中自动化设备应用越来越多，自动化设备安装、调试、维护等岗位的人才需求日趋增长，为了提升岗位综合适应能力，培养"短过渡期"或"无过渡期"的专业技能人才，特开设本课程。本课程是自动化类学生直接面向应用的一门综合课程，根据市场调研和企业人才需求分析，我院自动化类毕业生所从事的工作岗位主要是自动化设备的运行管理、维护、维修、用电管理、自动化设备的生产管理，发展岗位有自动化设备控制设计、调试等。本课程立足于实际能力的培养，对课程内容选择作了认真的讨论和细致的梳理，为以工作任务为中心组织课程内容和课程教学，让学生在完成具体项目的过程中来构建相关知识，并培养职业能力。经过与企业专家深入、细致、系统的讨论分析，本课程最终确定4个典型工作项目，具体参见3.课程内容和要求。

课程内容突出对学生职业能力的训练，理论知识的选取紧紧围绕工作任务的完成来进行，充分考虑了高等职业教育对理论知识学习的需要；融合了可编程控制系统设计师职业资格证书对知识、能力的要求，确定本课程的内容。

2. 课程目标

通过该课程的学习，使学生熟悉典型自动化生产线的组成与工作流程，初步形成解决生产现场实际问题的应用能力；培养学生的思维能力和科学精神，培养学生学习新技术的能力；提高学生的综合素质，培养创新意识。

2.1 知识目标

了解自动化生产线的运行方式及应用；

熟悉自动化生产线中常用的机械传动机构；

熟悉自动化生产线中气动控制系统的组成，掌握气动控制回路的分析方法；

熟悉自动化生产线中常用传感器及应用；

熟悉自动化生产线中常用电机，掌握其使用方法；

熟悉自动化生产线中所用PLC的编程软件的使用，掌握PLC控制系统的设计方法；

熟悉自动化生产线中所用的通信网络技术；

掌握典型自动化生产线中各组成单元及系统的调试方法。

2.2 技能目标

能读懂气动回路图和电气控制电路图；

能根据图纸识别自动化生产线中各组成单元的电气元件；

能正确使用常用工具，检测各组成单元中元器件；

能够各组成单元的工作流程，正确分析控制要求和提取控制变量，并进行PLC系统的设计、调试工作；

能够正确调试自动化生产线中各组成单元，并进行联机系统调试。

2.3 职业素养目标

培养独立思考的学习习惯；

具有良好的团队合作意识；

增强学生的分析问题、解决问题和实践动手能力；

在实际工作中能创造性地完成各项任务；

熟悉安全规范、安全生产与环境保护的相关规定及内容。

3. 课程内容和要求（附表2-13）

附表2-13 课程内容和要求

项目名称	项目任务	知识要求	技能要求	学时
项目一 自动化生产线的初识	任务1 了解自动化生产线及应用	理解什么是自动化生产线 了解自动化生产线作用和产生背景 理解自动化生产线的运行特性与技术特点 了解自动化生产线在实际工程中的应用	能了解自动化生产线的作用及应用 能掌握自动化生产线的组成 能熟悉自动化生产线的特点	2

续表

项目名称	项目任务	知识要求	技能要求	学时
项目一 自动化生产线的初识	任务2 认知典型自动化生产线	了解典型自动化生产线各组成单元及其基本功能 认识典型自动化生产线的系统运行方式	能理解典型自动化生产线各组成单元的基本功能 能了解典型自动化生产线的系统运行方式	2
项目二 自动化生产线核心技术应用	任务1 机械传动技术应用	熟悉带传动机构及其应用 熟悉滚珠丝杆机构及其应用 熟悉直线导轨机构及其应用 熟悉间歇传动机构及其应用 熟悉齿轮传动机构及其应用	能识别自动化生产线中应用的各机械传动机构 能够了解各机械传动机构的应用	1
	任务2 气动控制技术应用	熟悉常用的气动执行元件及其应用 熟悉气动控制系统基本组成 掌握简单气动控制回路分析方法	能识别常用气动控制元件和执行元件 能正确分析气动控制回路图	2
	任务3 检测传感技术应用	掌握常用开关量传感器及其应用 熟悉常用数字量传感器及其应用 了解常用模拟量传感器及其应用	能识别自动化生产线中常用传感器 根据传感器型号查找相关使用说明资料 根据使用说明正确使用传感器	1
	任务4 电动机驱动技术应用	掌握直流电动机及其应用 熟悉交流电动机及其应用 掌握直流步进电动机及其应用 了解伺服电动机及其应用	能识别自动化生产线中的电动机类型 能根据电动机型号查找相关资料 能正确使用自动生产线中所用电动机	2
	任务5 可编程控制器技术应用	掌握S7-200控制系统设计过程 掌握S7-300控制系统设计过程	能识别实训室自动化生产线中所用PLC的类型和型号 能根据任务要求分析控制流程,正确分配I/O点和编写程序 能熟练使用PLC编程软件	4

续表

项目名称	项目任务	知识要求	技能要求	学时
项目二 自动化生产线核心技术应用	任务6 工业通信网络技术应用	了解不同类型的工业网络通信技术 了解使用网络读/写指令进行PPI通信 熟悉PROFIBUS通信的基础知识	能区分不同的工业网络通信技术 能认识PROFIBUS通信的方式	2
	任务7 人机界面技术应用	了解触摸屏功能及典型的触摸屏产品 了解组态软件功能及典型的组态软件	能认识常用触摸屏品牌和组态软件品牌 能熟悉一种触摸屏技术	1
项目三 自动化生产线组成单元调试	任务1 上料检测单元调试	熟悉上料检测单元机械结构与功能 掌握上料检测单元电路、气动回路的分析方法 熟练掌握磁性检测开关和光电传感器的调试方法	能够读懂并分析上料检测单元电路、气路图 能够正确调整上料检测单元机械及气动元件 能够根据要求调试上料检测单元	3
	任务2 搬运单元调试	熟悉搬运单元机械结构与功能 掌握搬运单元电路、气动回路的分析方法 掌握生产线中电气系统和磁性开关的调试方法 掌握PLC控制程序的设计方法	能够读懂并分析搬运单元电路、气路图 能够正确调整搬运单元机械及气动元件 能够正确调试各传感器 能够熟练测试电路 能够根据要求调试搬运单元	6
	任务3 加工与检测单元调试	熟悉加工与检测单元机械结构与功能 掌握加工单元电路、气动回路的分析方法 熟悉利用指令编程配置PLC高速输出脉冲信号 掌握步进电动机驱动系统的控制与调试方法 掌握步进电动机位置控制程序设计与调试方法	能够读懂并分析加工单元电路、气路图 能够正确调整加工单元机械及气动元件 能够正确调试各传感器 正确分析步进电动机驱动系统电气线路，并对其进行连接与测试 能够根据要求调试加工单元	6

续表

项目名称	项目任务	知识要求	技能要求	学时
项目三 自动化生产线组成单元调试	任务4 搬运安装单元调试	熟悉搬运安装单元结构与功能 掌握搬运安装单元电路、气动回路的分析方法 掌握生产线中电气系统和磁性开关的调试方法 熟悉电气信号流程 掌握PLC控制程序的设计方法	能够读懂并分析搬运安装单元电路、气路图 能够正确调整搬运安装单元机械及气动元件 能够正确调试各传感器 能够熟练测试电路 能够根据要求调试搬运安装单元	3
	任务5 安装单元调试	熟悉安装单元机械结构与功能 掌握安装单元电路、气动回路的分析方法 掌握生产线中电气系统和磁性开关的调试方法 熟悉电气信号流程 掌握PLC控制程序的设计方法	能够读懂并分析安装单元电路、气路图 能够正确调整安装单元机械及气动元件 能够正确调试各传感器 能够熟练测试电路 能够根据要求调试安装单元	6
	任务6 分类单元调试	熟悉分类单元机结构与功能 掌握分类单元电路、气动回路的分析方法 熟悉利用位置控制向导配置PLC高速数输出脉冲信号 掌握步进电动机的接线、控制与调试方法 掌握步进电动机位置控制程序设计与调试方法	能够读懂并分析分类单元电路、气路图 能够正确调整分类单元机械及气动元件 能够正确调试各传感器 能够熟练测试电路 能够根据要求调试分类单元	6
项目四 自动化生产线系统调试	任务1 自动化生产线机械结构调整	掌握自动化生产线各单元间机械结构配合调整方法	能够正确调整机械部分，使自动化生产线各单元间机械结构配合良好	1
	任务2 利用PROFIBUS通信实现自动化生产线联机调试	掌握S7-300在自动化生产线中的应用 掌握两个单元PROFIBUS通信程序设计与调试方法 掌握整条生产线PROFIBUS通信程序设计与调试方法	能熟练进行PROFIBUS通信系统连接与测试 能进行两个单元间的PROFIBUS通信调试 能进行整条生产线的PROFIBUS通信调试	2
总课时				48

4. 实施建议

4.1 教材选用

依据课程标准以典型的自动化生产线为载体，按照项目引领、任务驱动的模式选用教材《自动化生产线安装与调试》，何用辉主编，机械工业出版社出版；课程组教师编写《自动化生产线技术应用》项目指导书，并在教学中应用。

4.2 教学建议

（1）通过任务驱动的项目教学方式，强调学生的主体作用，老师要从演员变为导演通过给学生设置问题，让学生学会查阅资料，比较方案，学会思考。

（2）注重学生实际操作能力培养；在实际操作前，强调用电安全（包括设备安全和人身安全），在操作过程中，加强监查，关注学生的行为是否规范，发现问题及纠正，让学生总体养成良好的行为规范（安全规范和操作规范）。

（3）以小组的形式（5~6人一组），充分发挥学生的互相指导作用，每个组有一名负责人，老师对小组进行考核，并作为教师评价依据之一。

4.3 教学条件

（1）实训场地要求：要有能满足要求的实训场地和多媒体教学设备。

（2）教师要求：具备中级以上职称，担任过相关专业课程的教学，最好具有在企业工作经历的人员。

（3）项目要求：项目以来自企业的实例为主。

4.4 教学资源

（1）注重实验实训指导书和实验实训教材的开发和应用。

（2）注重多媒体课件，教学视频等常用课程资源和现代化教学资源的开发和利用，这些资源有利于创设形象生动的工作情境，激发学生的学习兴趣，促进学生对知识的理解和熟悉。

（3）注重实训场地的开发，我院目前有施耐德小型自动化实训室、西门子自动化实训室、力士乐液气压实训室和MPS实训室共四个实践场所供学生实践使用。

4.5 教学评价

教学评价包括理论与实践考核，理论考核重点考察自动化生产线相关的气动控制、电气传动与控制、传感检测、PLC等知识点，实践考核重点考查学生实践过程与任务完成情况。具体考核标准见附表2-14：

附表2-14　教学评价

序号	评价项目	评价内容	所占比例
1	平时成绩	7S素养（出勤、课堂表现、安全、卫生、态度等） 实践任务要求的情况 作业完成情况	60%
2	期末测试	自动化生产线相关的知识的理解、应用、融会贯通	40%

附录3

致无锡科技职业学院毕业生的一封信

亲爱的校友：

  你好，见字如晤！

  蓦然回首，从毕业时的懵懂青涩，到今日的成熟稳重，你在岗位上勤勤恳恳、深耕细作，如今已经成为能独当一面的中流砥柱，在这里要说一声："你辛苦了！"谢谢你的努力，学校为你感到骄傲！

  毕业之后，你也有困惑的时候吧，是否有过这样的想法：如果当时在学校能够学到某某课程就好了，如果当时自己在某方面多下功夫就好了，如果当时选择另一专业就好了，如果当时找工作选择其他方向就好了……虽然时光不能倒流，但是能够意识到这些的你已经非常棒了，只要行动起来永远都不晚！学校也希望能够听到你的反馈。

  最近学校正在就校企人才供求关系进行调查，调查结果将被用于弥补教育的不足，使毕业生更具竞争力，职业发展更顺更快更高。在这里需要你的宝贵经验和意见作为调查的基础，请在使用手机方便的场所，扫描下方的二维码，用20分钟完成问卷的调查。

  青春无问西东，奋斗自成芳华！

  再次感谢你对母校建设的支持，并衷心祝福你：平安快乐，生活幸福，前程似锦，未来可期！

无锡科技职业学院

2020年11月6日

附录4

无锡科技职业学院在无锡村田电子有限公司就业学生职业发展调查问卷

第1题　你的性别：　[单选题]

选项	小计	比例
男	101	82.79%
女	21	17.21%
本题有效填写人次	122	

第2题　年龄　[单选题]

选项	小计	比例
19~22	19	15.57%
23~30	52	42.62%
30~35	39	31.97%
35~40	12	9.84%
本题有效填写人次	122	

第3题　毕业年份　[单选题]

选项	小计	比例
2006	4	3.28%

续表

选项	小计	比例
2007	9	7.38%
2008	8	6.56%
2009	2	1.64%
2010	8	6.56%
2011	18	14.75%
2012	8	6.56%
2013	6	4.92%
2014	8	6.56%
2015	12	9.84%
2016	3	2.46%
2017	5	4.1%
2018	7	5.74%
2019	24	19.67%
本题有效填写人次	122	

第4题 你在科院所就读的专业？ [单选题]

选项	小计	比例
机电一体化专业	51	41.8%
电气自动化专业	23	18.85%
模具专业	8	6.56%

附录 4　无锡科技职业学院在无锡村田电子有限公司就业学生职业发展调查问卷

续表

选项	小计	比例
数控专业	6	4.92%
工业机器人专业	1	0.82%
其他	33	27.05%
本题有效填写人次	122	

第5题　你目前每月到手薪资范围是：[单选题]

选项	小计	比例
3500～4500	10	8.2%
4500～5500	13	10.66%
5500～6500	20	16.39%
6500～7500	32	26.23%
7500以上	47	38.52%
本题有效填写人次	122	

第6题　你目前在无锡的居住状态　[单选题]

选项	小计	比例
已购房	92	75.41%
已租房，考虑购房	17	13.93%
已租房，不考虑购房	12	9.84%
实习，学校宿舍住宿	1	0.82%
本题有效填写人次	122	

第7题　你加入村田公司的年份：　　[填空题]
填空题数据请通过下载详细数据获取

第8题　你目前从事的岗位类型：　　[单选题]

选项	小计	比例
操作作业类	6	4.92%
保全修理类	88	72.13%
事务辅助类	12	9.84%
管理监督类	16	13.11%
本题有效填写人次	122	

第9题　在岗位实习期间，实习企业最吸引你的是以下哪些因素？　　[多选题]

选项	小计	比例
企业的人文关怀	55	45.08%
福利待遇	76	62.3%
职业发展前景	52	42.62%
工作环境	56	45.9%
人文环境	47	38.52%
其他	8	6.56%
本题有效填写人次	122	

第10题　在岗位实习期间，你对实习企业最不满意的是以下哪些因素？
[多选题]

选项	小计	比例
企业管理文化	17	13.93%
福利待遇	23	18.85%
职业发展前景	45	36.89%
个人生活原因	29	23.77%
工作环境	24	19.67%
其他	23	18.85%
本题有效填写人次	122	

第11题　在选择村田公司的时候，最吸引你的公司要素是什么？　[单选题]

选项	小计	比例
发展前景	18	14.75%
薪资待遇	47	38.52%
兴趣爱好	6	4.92%
学习机会	41	33.61%
其他	10	8.2%
本题有效填写人次	122	

第12题　你认为在求职过程中村田公司聘用你的理由中最重要的是您拥有 [多选题]

选项	小计	比例
高职学历	45	36.89%
我有技能	59	48.36%
我拥有的可迁移的能力是企业需要的	30	24.59%
没有证书但向用人单位证明了我的价值	29	23.77%
关系人脉圈	2	1.64%
其他	11	9.02%
本题有效填写人次	122	

第13题　你在村田公司是否有过职位升迁？ [单选题]

选项	小计	比例
有	49	40.16%
没有	73	59.84%
本题有效填写人次	122	

第14题　村田公司有否提供过岗位升迁机会？ [单选题]

选项	小计	比例
有	68	55.74%
没有	54	44.26%
本题有效填写人次	122	

附录 4　无锡科技职业学院在无锡村田电子有限公司就业学生职业发展调查问卷

第15题　你有否主动争取过高阶层工作岗位？　[单选题]

选项	小计	比例
有	45	36.89%
没有	41	33.61%
没有，但曾经考虑过	33	27.05%
没有，无所谓岗位升迁	3	2.46%
本题有效填写人次	122	

第16题　你在村田公司是否有过薪资提升？　[单选题]

选项	小计	比例
有	105	86.07%
没有	17	13.93%
本题有效填写人次	122	

第17题　你觉得"精益求精的工匠精神"对您在公司的工作提升是否有所帮助？　[单选题]

选项	小计	比例
非常有帮助	67	54.92%
有一定帮助	45	36.89%
一般	7	5.74%
没有帮助	3	2.46%
本题有效填写人次	122	

第18题 你对您目前的状态是否满意？ [单选题]

选项	小计	比例
满意	31	25.41%
一般	75	61.48%
较好	9	7.38%
不满意	7	5.74%
本题有效填写人次	122	

第19题 对自己的学习和职业选择决策，你的自主程度是？ [单选题]

选项	小计	比例
完全自主	98	80.33%
主要听从父母安排	6	4.92%
参考他人意见	14	11.48%
不确定	4	3.28%
本题有效填写人次	122	

第20题 你是否有想法提升自己的学历？ [单选题]

选项	小计	比例
有	103	84.43%
没有	19	15.57%
本题有效填写人次	122	

附录4 无锡科技职业学院在无锡村田电子有限公司就业学生职业发展调查问卷

第21题 你是否参与过公司提供的培训？ [单选题]

选项	小计	比例
有	103	84.43%
没有	19	15.57%
本题有效填写人次	122	